ENGLISH FAIRY·TALES

RETOLD·BY·FLORA·ANNIE·STEEL

ILLUSTRATED·BY
ARTHUR·RACKHAM

夜ふけに読みたい

奇妙なイギリスのおとぎ話

吉澤康子+和爾桃子 編訳　アーサー・ラッカム 挿絵

平凡社

夜ふけに読みたい奇妙なイギリスのおとぎ話

目次

＊残酷シーンなど、配慮が必要なお話には☆をつけています

ねこたちのごあいさつ

こんにちは！　チェシャです。
この本の挿絵《さしえ》を描《えが》いたラッカムさんのねこです。また会えてうれしいよ！

同じく、チェッコです。
みなさんのおかげで二巻《かん》が出ることになりました。今回もぼくたちが本の紹介《しょうかい》をしますので、ひきつづきよろしくお願《ねが》いします。

チェシャ

物語のふるさとは、７ページの地図を見てね。今回もシェイクスピアさんの元ネタを入れてみました。『ハムレット』の元になった

「魚と指輪《ゆびわ》」です。「ぼろ娘《むすめ》」はシンデレラっぽいね。あと、今回は外国生まれのお話はないかわり、外国や外国人に対するイギリス人の考え方が、いくつかのお話に少し出てきます。

チェッコ

聖《せい》ジョージのお話とかね。イギリス人すべてじゃないけど、そんな見方もあったということで。

チェシャ

あ、それと。一巻《かん》ではぼくの説明《せつめい》がわかりづらかったみたいで、ごめんなさい。あらためて、ちゃんと説明《せつめい》しますね。

この本には二通りのお話が入っています。大人向けと子ども向けです。大人向けにはチェシャの、子ども向けにはチェッコのしるしがついています。それでね、**ぼくたちが目次タイトルにつけたしるしは、お話の内容《ないよう》の難易度《なんいど》ではありません。**

チェッコ

こわいお話につけた☆以外《いがい》は、「朗読《ろうどく》しやすさ」の度合いなの。なるべく声に出して読んでもらいたかったから。だから内容《ないよう》はかんたんでも、くりかえし部分が長くて噛《か》みやすいとか、いっきに読むのがむずかしいお話にはしるしを多めにつけてあります。

チェシャ

わかりにくかった人、混乱《こんらん》させちゃってごめんね。二巻《かん》も同じです。☆以外《いがい》は内容《ないよう》に関係《かんけい》ありません。そして数が少ないほど、声に出して朗読《ろうどく》しやすいです。

チェッコ

もちろん、声に出さなくてもいいんだよ。楽しんでね。

❶チイチイねずみとチュウチュウねずみ
❷嫌われ者の大蛇
❸金のかぎたばこ入れ
❹ぼろ娘
❺楽しき国イングランドの聖ジョージ
❻影も形もない王子
❼モリー・ウピーと二面の巨人
❽三人のおバカさん
❾巨人退治のジャック
❿旦那のなかの旦那さま
⓫ディック・ウィッティントンと猫
⓬ジャックの運試し
⓭姉さんと妹
⓮のらくらジャック
⓯怪物 赤いエティン
⓰魚と指輪
⓱世の果ての泉
スコットランド・ハイランド ❼
スコットランド
❻ ⓯ ⓱
アイルランド
ノーサンブリア ❷
バリーガン
イギリス
コヴェントリー ❺
イングランド
❶ ❸ ❹ ❽ ❿ ⓬ ⓭ ⓮ ⓰
ロンドン ⓫
コーンウォール ❾
物語のふるさと

アーサー・ラッカム　1867–1939
（右がチェシャ、左がチェッコ）

アーサー・ラッカム＝挿絵
谷澤茜＝カットイラスト

チイチイねずみとチュウチュウねずみ

ある家に、チイチイねずみとチュウチュウねずみが住んでいました。

チイチイねずみが落ち穂《ぼ》拾いに出かけて、チュウチュウねずみも落ち穂《ぼ》拾いに出かけました。

そう、二匹《ひき》とも落ち穂《ぼ》拾いに出かけたってわけ。

次に、チイチイねずみが麦の穂《は》をひとつ拾って、チュウチュウねずみも麦の穂《は》をひとつ拾いました。

そう、二匹《ひき》とも麦の穂《ほ》を拾ったってわけ。

そして、チイチイねずみがプディングを作って、チュウチュウねずみもプディングを作りました。

そう、二匹《ひき》ともプディングを作ったってわけ。

それから、チュウチュウねずみが自分のプディングをなべに入れて煮《に》ました。

けれど、チイチイさんが自分のプディングをなべに入れようとしたとき、なべが引っくり返って、やけどして死んじゃったので、チュウチュウさんは座《すわ》りこんで泣《な》きました。

すると、三本足の腰《こし》かけが聞きました。「チュウチュウさん、なぜ泣《な》くの？」

「チイチイさんが死んじゃったの。だから、泣《な》くの」チュウチュウねずみはこたえました。

「だったら、わたしはぴょんと跳《は》ねよう」といって、腰《こし》かけはぴょんと跳《は》ねました。

すると、部屋のすみのほうきが聞きました。「腰《こし》かけさん、なぜ跳《は》ねるの？」

「なぜって！　チイチイさんが死んで、チュウチュウさんが泣《な》くから、わたしは跳《は》ねるの」腰《こし》かけはこたえました。

「だったら、わたしは掃《は》こう」といって、ほうきは掃《は》きはじめました。

すると、ドアが聞きました。「ほうきさん、なぜ掃《は》くの？」

「なぜって！　チイチイさんが死んで、チュウチュウさんが泣《な》いて、腰《こし》かけさんが跳《は》ねるから、わたしは掃《は》くの」ほうきはこたえました。

「だったら、わたしはギイと鳴ろう」といって、ドアはギイと鳴りました。

すると、窓《まど》が聞きました。「ドアさん、なぜ鳴るの？」

「なぜって！　チイチイさんが死んで、チュウチュウさんが泣《な》いて、腰《こし》かけさんが跳《は》ねて、ほうきさんが掃《は》くから、わたしは鳴るの」ドアはこたえました。

「だったら、わたしはキイときしもう」といって、窓《まど》はキイときしみました。

さて、その家の外には古いベンチがあって、窓《まど》がキイときしんだとき、こう聞きました。「窓《まど》さん、なぜきしむの？」

「なぜって！　チイチイさんが死んで、チュウチュウさんが泣《な》いて、腰《こし》かけさんが跳《は》ねて、ほうきさんが掃《は》いて、ドアさんが鳴るから、わたしはきしむの！」窓《まど》はこたえました。

「だったら、わたしは家のまわりを走ろう」といって、古いベンチは家のまわりを走りました。

さて、その家のそばには大きくて立派《りっぱ》なクルミの木があって、その木がベンチに聞きました。「ベンチさん、なぜ家のまわりを走るの？」

「なぜって！　チイチイさんが死んで、チュウチュウさんが泣《な》いて、腰《こし》かけさんが跳《は》ねて、ほうきさんが掃《は》いて、ドアさんが鳴って、窓《まど》さんがきしむから、わたしは家のまわりを走るの」ベンチはこたえました。

「だったら、わたしは葉っぱをふるい落とそう」といって、クルミの木はきれいな緑色の葉っぱをぜんぶふるい落としました。

さて、その木の枝《えだ》には小鳥が一羽《わ》とまっていて、葉っぱがぜんぶ落ちたとき、聞きました。「クルミの木さん、なぜ葉っぱをふるい落とすの?」

「なぜって! チイチイさんが死んで、チュウチュウさんが泣《な》いて、腰《こし》かけさんが跳《は》ねて、ほうきさんが掃《は》いて、ドアさんが鳴って、窓《まど》さんがきしんで、古いベンチさんが家のまわりを走るから、わたしは葉っぱをふるい落とすの」クルミの木はこたえました。

「だったら、わたしは羽《はね》をぜんぶ落とそう」といって、小鳥は色あざやかな羽《はね》をぜんぶ落としました。

さて、その下を小さな女の子が、弟や妹たちの夕ごはんにする牛乳《ぎゅうにゅう》をつぼに入れて通りかかりました。そして、小鳥が羽《はね》をぜんぶ落としてみすぼらしくなるのを見て、聞きました。「小鳥さん、なぜ羽《はね》をぜんぶ落とすの?」

「なぜって! チイチイさんが死んで、チュウチュウさんが泣《な》いて、腰《こし》かけさんが跳《は》ねて、ほうきさんが掃《は》いて、ドアさんが鳴って、窓《まど》さんがきしんで、古いベンチさんが家のまわりを走って、クルミの木さんが葉っぱをふるい落とすから、わたしは羽《はね》をぜんぶ落とすの」小鳥はこたえました。

「だったら、あたしは牛乳《ぎゅうにゅう》をこぼそう」といって、女の子はつぼを落として牛乳《ぎゅうにゅう》をこぼしました。

さて、すぐそばに、はしごのてっぺんにのぼって屋根をふいているおじいさんがいました。そして、女の子が牛乳《ぎゅうにゅう》をこぼすのを見て聞きました。「お嬢《じょう》ちゃん、なんだって牛乳《ぎゅうにゅう》をこぼすんだね？　弟や妹たちの食事がなくなっちまうじゃないか」

すると、女の子がいいました。「チイチイさんが死んで、チュウチュウさんが泣《な》いて、腰《こし》かけさんが跳《は》ねて、ほうきさんが掃《は》いて、ドアさんが鳴って、窓《まど》さんがきしんで、古いベンチさんが家のまわりを走って、クルミの木さんが葉っぱをぜんぶふるい落として、小鳥さんが羽《はね》をぜんぶ落とすから、あたしは牛乳《ぎゅうにゅう》をこぼすの」

「ほう！　だったら、わしははしごから落ちて首を折《お》ろう」

というわけで、おじいさんははしごから落ちて首を折《お》りました。おじいさんが首を折《お》ると、大きなクルミの木がどさりと倒《たお》れて、古いベンチと家をぺちゃんこにして、家が窓《まど》をつぶして、窓《まど》がドアをこわして、ドアがほうきを引っくり返して、ほうきが腰《こし》かけをはねとばして、かわいそうな小さいチュウチュウねずみはみんなの下にうずまってしまいましたとさ。

嫌《きら》われ者《もの》の大蛇《だいじゃ》

そのむかし、ノーサンブリア王国のバンバラ城《じょう》に、王さまとふたりのお子さまが住んでいました。王子はウィンド、王女はメイ・マーグレットといいました。見た目も心も美しかった王妃《おうひ》を亡《な》くしてからの王さまは、ずっと悲しみに沈《しず》んでおられましたが、ウィンド王子を武者修行《むしゃしゅぎょう》に送り出したあとで狩《か》りにいった森で、たいそうな美女に出会ってすっかり気に入り、新しいお妃《きさき》に迎《むか》えることにしたのです。

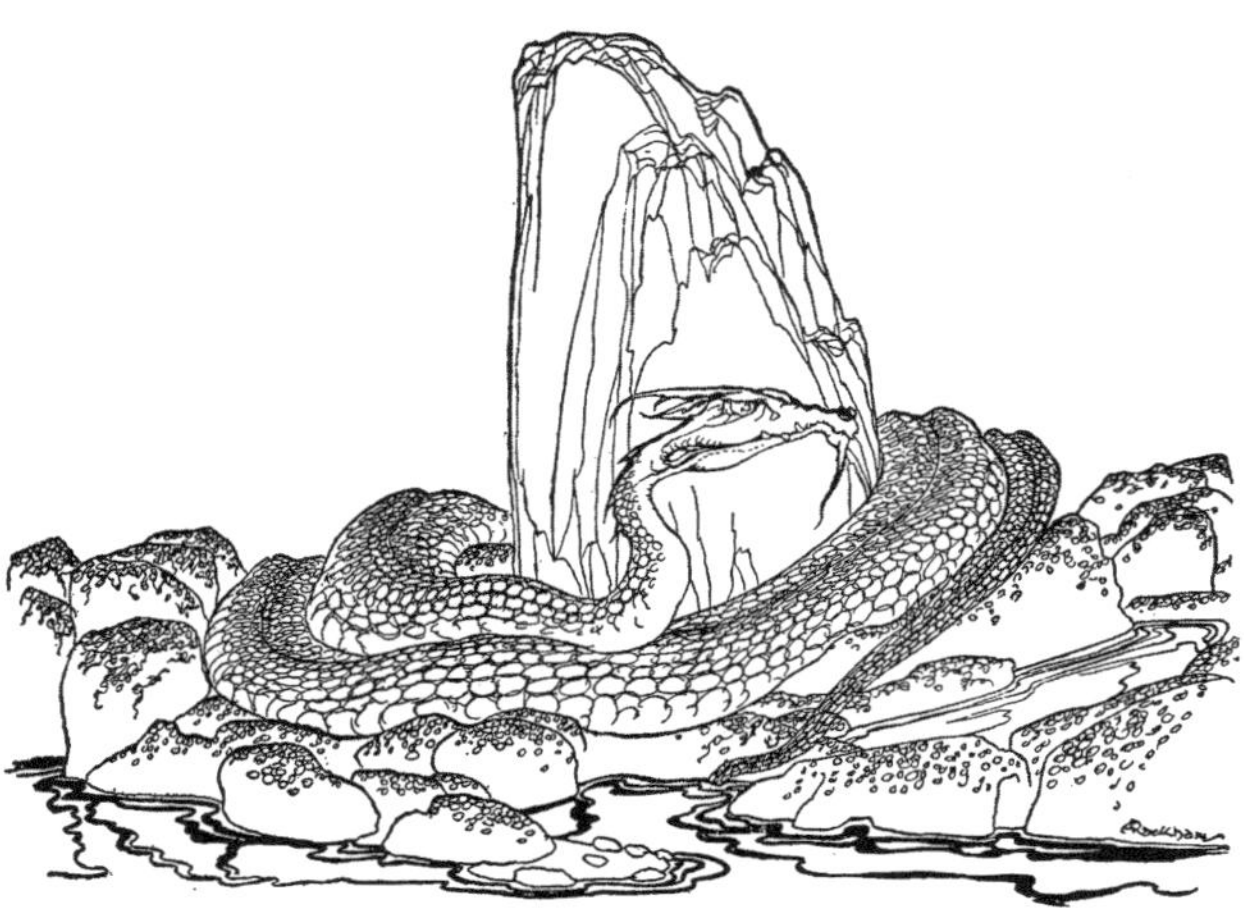

さて、メイ・マーグレット姫《ひめ》としては、見ず知らずの女に母の席《せき》に座《すわ》られるのも、父王の家政《かせい》を明け渡《わた》すのも気が進みません。常日頃《つねひごろ》から誇《ほこ》りをもってお役目にあたっていたからです。それでもよけいな口出しは控《ひか》え、城壁《じょうへき》からじっと海のかなたを見つめて、愛《あい》する兄の早いご帰国を念《ねん》じるにとどめました。兄妹仲《きょうだいなか》よく、いたわり合ってずっと過《す》ごしてこられたのでね。

ですが、ウィンド王子からはなんの便《たよ》りもなく、老王《ろうおう》が新しいお妃《きさき》を連《つ》れてくる当日になりましたので、メイ・マーグレットは城内《じょうない》の鍵《かぎ》をすべて紐《ひも》に通すと、新婚《しんこん》の門出《かどで》を祝《いわ》って左肩《ひだりかた》に担《かつ》ぎ——新しいお妃《きさき》よりも父王のために——いつでも継母《ままはは》に渡《わた》せるように城門《じょうもん》で待ち受けました。

さて、北方の大貴族《きぞく》がせいぞろいした婚礼《こんれい》行列がやってきました。お歴々《れきれき》の中にスコットランド貴族《きぞく》もちらほらおり、はっとするほど清楚《せいそ》な姫《ひめ》の美しさをたたえるつぶやきが行列からあがるころに、鈴《すず》を転がすような声で——。

「まあ父上、ようこそお帰りなさいませ
あまたの広間や塔《とう》の並《なら》ぶ、あなたさまのお城に！
それにようこそ、新しいお母さま

この城のすべてはあなたさまのもの!」——

と、挨拶《あいさつ》をすませて庭へさがってゆく姿《すがた》を、スコットランドきっての貴族《きぞく》たちがこれでもかと褒《ほ》めそやします。

「おお、なんと! メイ・マーグレット姫《ひめ》のしとやかさよ。あのお顔立ちのすばらしさ、まさにいちばんの美女だ!」

さて、これを小耳にはさんだ新しいお妃《きさき》はじだんだ踏《ふ》んで悔《くや》しがり、怒《いか》りもあらわに声をあげました。

「わたしをないがしろにしようというのね、だけど
メイ・マーグレットは嫌《きら》われ者《もの》の大蛇《だいじゃ》に変《か》えてやる
この手で、誰《だれ》からも嫌《きら》われる大蛇《だいじゃ》に変《か》えてやろう
大岩の周囲《しゅうい》を這《は》い回《まわ》る身に落ちぶれさせ
そしてウィンド王子が戻《もど》ってくるまで

この魔法《まほう》が解《と》けることはないからね」

さてさて！　見かけはすごい美人でも、お妃《きさき》の正体は魔女《まじょ》だったわけですが、なにも知らないメイ・マーグレットはそのセリフを笑《わら》い飛《と》ばしてしまいました。おかげで悪い魔女《まじょ》はよけいに怒《いか》りをあおられ、その晩《ばん》さっそく王の寝室《しんしつ》を抜《ぬ》けだして、ずっと魔術《まじゅつ》の根城《ねじろ》にしてきた秘密《ひみつ》の洞窟《どうくつ》へ行くと、三の三倍の強力な呪文《じゅもん》をメイ・マーグレット姫《ひめ》にかけて九の九倍繰《く》り返しました。こんなふうに。

「おまえを嫌《きら》われ者《もの》の大蛇《だいじゃ》に変《か》える
以後《いご》はその姿《すがた》であれ
王の大事なウィンド王子が
海のかなたから戻《もど》るまで
さもなくば世の果《は》てるその時まで
この呪《のろ》いは決して解《と》けぬ
ウィンド王子が自らの意思で
キスを三度与《あた》えるまでは！」

おかげで、その晩《ばん》まで申し分のない美少女だったメイ・マーグレット姫《ひめ》は、嫌《きら》われ者《もの》の大蛇《だいじゃ》に変《か》わり果《は》てて朝を迎《むか》えたのです。お召《め》し替《か》えにきた侍女《じじょ》たちは、姫《ひめ》の寝床《ねどこ》にとぐろを巻《ま》く恐《おそ》ろしい大蛇《だいじゃ》にしゅるしゅると寄《よ》ってこられて、震《ふる》えあがり逃《に》げてしまいました。嫌《きら》われ者《もの》の大蛇《だいじゃ》はそのまま海辺《うみべ》へ這《は》っていき、「ヒューの主軸《しゅじく》石」という岩に巻《ま》きついて、ひなたぼっこを始めたのです。

やがて七マイル四方の民《たみ》は、ヒューの主軸《しゅじく》石に巻《ま》きついた嫌《きら》われ者《もの》の大蛇《だいじゃ》がどれほど腹《はら》を減《へ》らしているかを、いやでも思い知らされることになりました。夜な夜なひどく荒《あ》らし回り、行き会うものを手当たり次第《しだい》にむさぼり食ったからです。

とうとう、ある魔術師《まじゅつし》が人々にこう教えました。嫌《きら》われ者《もの》の大蛇《だいじゃ》を静《しず》めたければ、朝夕欠《か》かさずにヒューの岩の根元のくぼみに、七頭の純白《じゅんぱく》の牝牛《めうし》からしぼったミルクをすべて注ぎ入れなさい、それでおとなしくなるよ。さっそく実行すると、荒《あ》らし回られることはもうなくなりました。かわりに大蛇《だいじゃ》はヒューの岩に巻《ま》きついて醜《みにく》い鼻面《はなづら》を宙《ちゅう》へ向け、ずっと海を眺《なが》めているようになったのです。

それでも嫌《きら》われ者《もの》の大蛇《だいじゃ》の噂《うわさ》は東西に広がり、さらに海を越《こ》えてウィンド王子の耳に入りました。王子はその知らせに怒《いか》り、もしかすると可愛《かわい》いメイ・マーグレットの失踪《しっそう》もそいつのせいだろうかと考えました。それで、おつきの護衛《ごえい》どもを呼《よ》び集《あつ》めて言い渡《わた》したのです。「すぐバンバラへ船出し、あの主軸《しゅじく》石に向かう。嫌《きら》われ者《もの》の大蛇《だいじゃ》とやらを退治《たいじ》し、災《わざわ》いを除《のぞ》くのだ」

一同さっそく船を作りにかかり、ナナカマドの木から切り出した木材《もくざい》を竜骨《りゅうこつ》にすえました。マストもすべてナナカマドでこしらえ、オールも同じ木材《もくざい》でそろえました。そうやって仕上げた船で出帆《しゅつぱん》したのです。

さて、あの妃《きさき》は魔力《まりょく》で船出を察知《さっち》し、さっそく妖魔《ようま》どもを遣《つか》わして風を止めました。おかげで絹《きぬ》の帆《ほ》は力なくマストに垂《た》れるばかり。それでもくじけるようなウィンド王子ではなく、さっそく漕《こ》ぎ手を集めました。そして漕《こ》ぎに漕《こ》ぎ、ある朝に岸が見えました。優美《ゆうび》な船がバンバラの入江《いりえ》に寄《よ》ってくるのを妃《きさき》は城《しろ》の本丸から見届《みとど》け、ただちに妖女《ようじょ》や魔物《まもの》を総動員《そうどういん》して、嵐《あらし》で沈没《ちんぼつ》させようとしました。それでも入港する船には傷《きず》ひとつつかなかったのです。船全体が魔力《まりょく》を消すナナカマドの木でできていたからですよ。

やがて魔女《まじょ》は奥《おく》の手を出し、嫌《きら》われ者《もの》の大蛇《だいじゃ》に向けて呪文《じゅもん》を唱《とな》えました。

「おお、嫌《きら》われ者《もの》の大蛇《だいじゃ》よ！　行け、船のトップマストを傾《かたむ》けよ行け、砂《すな》を這《は》いずるものよ、這《は》って竜骨《りゅうこつ》の下をくぐれ」

そう命じられたら、嫌《きら》われ者《もの》の大蛇《だいじゃ》はいうなりになるしかありません。それで、

「大蛇《だいじゃ》は躍《おど》りあがり、また船底《ふなぞこ》をくぐり
船の厚板《あついた》にすきまなく巻《ま》きつき
岸をまさしく目の前にして
船を沈没《ちんぼつ》せんばかりに傾《かたむ》けた」

ウィンド王子は三の三倍にわたって着岸をこころみ、嫌《きら》われ者《もの》の大蛇《だいじゃ》に三の三倍回とも阻《はば》まれました。とうとう王子は船首をめぐらせよと命じ、さも上陸《じょうりく》を断念《だんねん》したかのように見せかけました。ですが、それしきでくじけるようなお方ではありません。へさきをバドリーの浜《はま》へ向けたまでです。そこの浅瀬《あさせ》に飛《と》びおりて難《なん》なく上陸《じょうりく》を果《は》たし、とぎすました剣《けん》を抜《ぬ》いて嫌《きら》われ者《もの》の大蛇《だいじゃ》へ突撃《とつげき》しました。しかしながら剣《けん》を振《ふ》りかぶったとたんに、やさしいそよ風のような声がしたのです。

「ああ、剣《けん》を引いて、弓をおろして
そして、どうか三度キスして
だって、見るもおぞましい大蛇《だいじゃ》の身でも
あなたにひどいことはしません！」

懐《なつ》かしい妹メイ・マーグレットを思わせる声に、王子は手を止めました。すると
やがて、嫌《きら》われ者《もの》の大蛇《だいじゃ》がまたもや口をききました。

「ああ、剣《けん》を引いて、弓をおろして
この大蛇《だいじゃ》の姿《すがた》はどうぞ忘《わす》れて
過去《かこ》は大目に見て、三度のキスを
メイ・マーグレットへの愛《あい》にかけて」

可愛《かわい》い妹の面影《おもかげ》を思い起こしたウィンド王子は、嫌《きら》われ者《もの》の大蛇《だいじゃ》を抱《だ》いてキスし
ました。醜《みにく》い化け物に、さらにもう一度。そして濡《ぬ》れた砂《すな》をしっかと踏《ふ》みしめて、
三度めを。

すると、嫌《きら》われ者《もの》の大蛇《だいじゃ》は絶叫《ぜっきょう》をあげて砂《すな》に倒《たお》れ伏《ふ》し、王子の腕《うで》の中でメイ・マーグレットに変《か》わったではありませんか！

王子はマントを脱《ぬ》いで、吹《ふ》きさらしの海風に震《ふる》える妹をすっぽりくるんでやり、そのまま抱《だ》き上《あ》げてバンバラ城《じょう》へ向かいました。そこには手下の魔物《まもの》や妖女《ようじょ》にすべて逃《に》げられて絶体絶命《ぜったいぜつめい》の魔女《まじょ》が、なすすべもなくひとりで城《しろ》の階段《かいだん》の上に立ちつくしていました。

ウィンド王子は思い切りどなりつけました。

「嘆《なげ》け！　嘆《なげ》くがいい、この邪悪《じゃあく》な魔女《まじょ》め！
今度はおまえが呪《のろ》われる番だ！
メイ・マーグレットにかけた魔法《まほう》を
ひとつ残《のこ》らず返してやる

以後《いご》は嫌《きら》われ者《もの》のヒキガエルとなり
ぬかるむ泥《どろ》に住まうがいい
この呪《のろ》いが解《と》ける日は断《だん》じてないぞ

世の果《は》てるその時まで」

とたんに悪いお妃《きさき》の体はどんどん縮《ちぢ》みだし、しわくちゃにしなびて見るもおぞましいヒキガエルに変《か》わると、城《しろ》の階段《かいだん》をぴょんぴょんおりて、深い谷に這《は》いこんでいきました。

今でも嫌《きら》われ者《もの》のヒキガエルがバンバラ城《じょう》の本丸をうろつくことがちょいちょいありますが、そいつこそが悪いお妃《きさき》のなれの果《は》てですよ！

ウィンド王子とメイ・マーグレット姫《ひめ》は、これまで通りに兄妹仲《きょうだいなか》よく、ずっと幸せに過《す》ごしたそうです。

金のかぎたばこ入れ

大むかしのとてもいい時代、ただしわたしもあなたもまだおらず、今の世の中の人がひとりもいなかったころ、ある夫婦《ふうふ》にジャックという息子《むすこ》がいて、この子がとてつもない本好《ず》きでした。日がな一日読んで読んで読みまくる。なにしろ人里離《はな》れた森住まいですから、両親以外《いがい》の人間を見かけたことがなくてね、世間に出ていってすてきなお姫《ひめ》さまとかそういう人に出会いたくて、もう気が狂《くる》いそうだったんですよ。

それである日、どうしても家を出たいと母親にいったら、「からっぽ頭のくされふぬけ」呼《よ》ばわりはされたけど、今のごくつぶしよりは運試《うんだめ》しのほうがましだねとお許《ゆる》しが出て、さらにこう尋《たず》ねられました。旅に持っていくには、小さいケーキと母親の祝福《しゅくふく》か、大きいケーキと母親の呪《のろ》いのどっちがいい？　若《わか》いジャックは食べ盛《ざか》りだったので、たちどころにこたえました。「できれば大きいケーキにしてくれないかな」

そこで母親は特大《とくだい》のケーキをこしらえ、戸口から息子《むすこ》を送り出すと家のてっぺんに上がっていって、姿《すがた》が見えなくなるまでこれでもかと呪《のろ》いを浴《あ》びせかけたんです。そうしないわけにはいかなかったんですよ。だけど、終わると座《すわ》りこんで泣《な》きだしました。

家からずいぶん離《はな》れた場所で、野良《のら》仕事中の父親にばったり出くわしました。人のいい父親は息子《むすこ》の家出にうろたえ、わざわざ母親の呪《のろ》いをとったと聞いてさらにあわてふためきました。とうに起きてしまったとはいえ、なんとかしようとひとしきり探《さが》したあげくに、ポケットから小さな金のかぎたばこ入れを出して、「いよいよおだぶつって時にはこの箱を開けてもいい。ただし、それ以外《いがい》は手をつけるな。こいつは先祖《せんぞ》代々伝《つた》わる品だが、これまでの先祖《せんぞ》代々は森で地道に過《す》ごしてきたから、開けるはめにはならなかった——だがな、もしかしたらおまえは」

ジャックは金のかぎたばこ入れをポケットに入れ、旅を続《つづ》けました。

さて、しばらくすると腹《はら》ぺこで力が出なくなりました。あの大きいケーキはとうに食べつくしたし、日が暮れてだんだんと見通しがきかなくなってきたんですよ。

なんとか大きなお屋敷《やしき》にたどりつき、一晩《ひとばん》だけお勝手で寝起《ねお》きさせてくれと頼《たの》みました。このジャックはたいそう美形だったので、さっそく女中に火に当《あ》たらせてもらって上等な肉とパンとビールをたっぷりあてがわれてね。食べているさなか、この屋敷《やしき》のおてんばお嬢《じょう》さんがひょっこり入ってきました。お嬢《じょう》さんはさっそく父親にいいにいったんです。裏《うら》のお勝手に見たこともないほどきれいな若者《わかもの》がいるの、父さんがあたしを可愛《かわい》いと思ってくれるんなら、なにか仕事をあてがってやってよ。じっさい、主人はおてんば娘《むすめ》を目に入れても痛《いた》くないほど可愛《かわい》がっていたのでね、機嫌《きげん》を損《そこ》ねたくはない。そこで裏《うら》のお勝手へ行くと、なにができるかねとジャックに尋《たず》ねました。

「なんでもできますよ」ジャックは明るく答えました。家の雑用《ざつよう》ならという意味ですよ、もちろん。

だけど主人は愛娘《まなむすめ》の顔を立てながらもジャックを雇《やと》わずにすむ手を思いつき、笑《わら》いながらいいました。「なんでもできるんなら、お若《わか》いの、これから言いつける仕事をやってもらおうじゃないか。明朝八時までにうちの屋敷《やしき》の真ん前に四マイル四方の大きな池を掘《ほ》り、本式の艦隊《かんたい》をそっくり浮《う》かべてくれ。で、うちの正面を狙《ねら》って礼砲《れいほう》を発射《はっしゃ》してもらおう。最後《さいご》の一発で、娘《むすめ》の四柱式《しちゅうしき》ベッドの柱を必《かなら》ず折《お》ってくれよ。なんせ、あの子ときたらいつだって寝坊《ねぼう》するんだからな！」

まあねえ！　肝《きも》をつぶしたジャックは、てきめんにしどろもどろになりました。

「そ、それで、も、もし、そうしなかったら？」

「その時は」主人は涼《すず》しい顔で、「命をもらう」。

それから下男たちを呼《よ》んで塔《とう》の客用寝室《しんしつ》に案内《あんない》させ、鍵《かぎ》をかけて逃《に》げだせないようにしました。

まあねえ！　ジャックはベッドにかけて知恵《ちえ》を絞《しぼ》りに絞《しぼ》ったものの、戦《バトル》いの一文字と二文字のすきますら読《よ》み解《と》けそうにないって気がしてきて、ひとまず夜のお祈《いの》りをしたあとはごろりと寝《ね》ちまったんです。しかも、ぐっすり！　そうして目覚《めざ》めてみれば早くも八時まぎわ、窓《まど》に飛《と》びつくそうそうに塔《とう》の大時計が時鐘《じしょう》のゼンマイをじりじり巻《ま》きにかかります。おまけに前庭の芝生《しばふ》ときたら、薔薇《ばら》やストックやマリーゴールドの花壇《かだん》だらけときた！　まあねえ！　そこへあの小さな金のかぎたばこ入れをひょっこり思い出したってわけです。

「まさに、いよいよおだぶつだよ」ひとりごとをつぶやき、ポケットから出して開けました。

ふたを開けるが早いか、赤いナイトキャップをかぶった変《へん》てこな赤い小人《こびと》三人が、眠《ねむ》そうにあくびして目をこすりながら飛《と》びだしてきました。だってね、長い長い間、あの箱にずっと閉《と》じこめられていたんですから。

「用はなんだね、ご主人?」と、あくびの合間に尋《たず》ねられます。だけど、あの大時計の巻《ま》く音が耳を離《はな》れず、もう一刻《いっこく》を争《あらそ》うもんでね、早口で命令《めいれい》をまくしたてるのがせいいっぱい。やがて時計が鳴りだすや、小人《こびと》たちはいっせいに窓《まど》から飛《と》んでって、ふいに、

「バン! バン! バン! バン! バン! バン!」

と大砲《たいほう》の連打《れんだ》がとどろき、最後《さいご》の一発にベッドの柱をへし折《お》られたらしいナイトキャップのお嬢《じょう》さんが窓《まど》から顔を出し、艦隊《かんたい》を浮《う》かべた四マイルの池にどぎもを抜《ぬ》かれていましたよ!

それはジャックだって同じですとも! 前代未聞《ぜんだいみもん》の眺《なが》めもさることながら、あの三人の小人《こびと》が窓《まど》から飛《と》びこんできて金のかぎたばこ入れにまたもぐりこむ時には、縮《ちぢ》み上がっちまったんです。

「この次はもうちょっと早めにいえよな、ご主人」小人《こびと》たちはむくれて、ぴしゃりとふたを閉《し》め、中であくびしてまた寝入《ねい》ってしまう気配がしました。

お察《さつ》し通り、屋敷《やしき》の主人は肝《きも》をつぶしましたよ。なんせ、こんなすごいことができるあの人以外《いがい》とは誰《だれ》とも結婚《けっこん》しない、と愛娘《まなむすめ》にさっそく宣言《せんげん》されてしまってはね。実は、初《はじ》めからお互《たが》い一目ぼれだったんですよ。

けれど父親は慎重戦法《しんちょうせんぽう》に出ました。「それもそうだな、いい子ちゃん。確《たし》かに、あの若《わか》いのはどうやらただ者《もの》ではなさそうだ。そうはいってもただのまぐれかもしれんし、つつけばボロを出さんとも限《かぎ》らん。だから、もういっぺんぐらいは試《ため》してみないと」

やがてジャックに、「うちの娘《むすめ》にふさわしい立派《りっぱ》な住まいをぜひ作ってもらおう。明朝八時までに、池の中央に、金の柱十二本に支《ささ》えられたみごとな城《しろ》を浮《う》かべ、教会も脇《わき》につけてもらおうか。嫁迎《よめむか》えの支度《したく》をすべて整え、八時ちょうどに教会で高らかに婚礼《こんれい》の鐘《かね》を鳴らすように。さもなきゃ、命をもらうからな」

今回のジャックは、前より余裕《よゆう》をみてあの赤い小人《こびと》三人に頼《たの》むつもりでした。ですが、その日はずっとはしゃぎすぎ、たらふく食べすぎたのが祟《たた》ってついうかうかと寝過《ねす》ごしてしまい、八時寸前《すんぜん》にあの大時計がじりじり巻《ま》きだしてから飛《と》び起きて金のかぎたばこ入れへ駆《か》けつけようとしました。なのに置《お》き場所《ばしょ》をど忘《わす》れしてしまい、いよいよ本当に時刻《じこく》を打ちだしてからようやく枕《まくら》の下に見つかり、ふたを開けて命令《めいれい》をがなりました。中からあの三人が押《お》し合いへし合い、あくびや伸《の》びをしながらあわてて出てくる。まあ見られたざまじゃなくて、ジャックは今度こそだめかと観念《かんねん》しました。だけど時鐘《じしょう》とちょうど入れ替《か》わりに高らかな婚礼《こんれい》の鐘《かね》が響《ひび》くや、十二本の柱に支《ささ》えられた城《しろ》と教会が、池のただなかにすっくとあらわれました。城内《じょうない》は婚礼《こんれい》の飾《かざ》りつけがすっかりすんで、とっておきの晴れ着に威儀《いぎ》を正した下男や召使《めしつか》いたちが山ほどいます。

ジャックには生まれて初《はじ》めての眺《なが》めだし、もちろん娘《むすめ》だって隣《となり》の窓《まど》からナイトキャップをかぶって見とれていました。その姿《すがた》がいかにも無邪気《むじゃき》で可愛《かわい》くて、三人の小人《こびと》が金のかぎたばこ入れに戻《もど》ってきて、窓《まど》から引っこまざるをえないのが腹立《はらだ》たしかったほどでしたよ。だけど、それをいうなら小人《こびと》たちのほうがもっと腹《はら》を立ててぶつくさ当たり散《ち》らし、さっさとふたを閉《し》めていびきをかきだすまで、ジャックのほうでも気が気じゃなかったんでね。

まあね、当然《とうぜん》のなりゆきでジャックとおてんばお嬢《じょう》さんは式を挙《あ》げて夜まで楽しく過《す》ごしました。しかも今のジャックは衣服《いふく》も食べ物も上等、上等な召使《めしつか》いたちにかしずかれ、上等な友だちを好《す》きに選《えら》べる上等なご身分です。

ツキにツイてはいましたが、まだわかってなかったんですね。ここぞの時に、母の呪《のろ》いがきっちり仕事してくることを。「それ」はある日、ジャックが友人の紳士《しんし》淑女《しゆくじよ》を全員連れて狩《か》りに出てしまったあとに起こりました。あの金のかぎたばこ入れ（間違《まちが》いがあったらどうしようと不安で、いつも持ち歩いていました）をそれまで着ていたチョッキのポケットから、真紅《しんく》の狩猟《しゆりよう》服のポケットへ移《うつ》し忘《わす》れて出てしまったんですよ。当然《とうぜん》のなりゆきで召使《めしつか》いが衣類《いるい》をたたむ途中《とちゆう》で床《ゆか》に落ちてしまい、はずみでふたが開いて、あの三人があくびと伸《の》びをしながら出てきたってわけです。

まあね、絶体絶命《ぜつたいぜつめい》で呼《よ》ばれたんじゃないとわかって三人ともかんかん、なんなら今すぐこの城《しろ》ごと金の柱もなにもかもそっくり持ち去ってやろうかいと口走ったんですよ。

がぜん聞き耳を立てたのは、召使《めしつか》いでしたね。

「できるのか、そんなこと？」

「できるのかって？」三人は笑《わら》い飛《と》ばしました。「そりゃもう、なんだって」

召使《めしつか》いはいつになく鋭《するど》い口調で、「なら、おれをこの城《しろ》ごと、ご主人がたどりつけっこない海の向こうへそっくり運びな」。

今度という今度こそ命令《めいれい》通りにするいわれはなかったんですが、小人《こびと》たちはなにしろジャックに腹《はら》を立てていましてね、さっさとやっちまったんです。それで、狩《か》

りの一行《いっこう》が戻《もど》ってみれば、あらまあなんと！　城《しろ》も教会も金の柱も、どこにもないじゃありませんか！

初《はじ》めのうち、一同はてんでにジャックに食ってかかってよくも騙《だま》したなと責《せ》めたてました。とりわけ舅《しゅうと》は、愛娘《まなむすめ》をたぶらかしたかどでしょっぴくぞと脅《おど》しましたが、さんざんすったもんだのあげく、十二ヵ月《げつ》と一日の暇《ひま》をやるから、あの城《しろ》を探《さが》して取り戻《もど》してこいという話に落ち着いたんですよ。

それでジャックは上等の馬と、たまたまポケットにあったお金を持ってその足で出かけました。

長旅をものともせずに東西南北

駆《か》けずり回り、山越《こ》え谷越《こ》え丘越《おかこ》え森越《こ》え、牧羊地《ぼくようち》を越《こ》えても、消えた城《しろ》の手がかりすらありません。とうとう、広い世界のネズミをすべて治《おさ》めるネズミの王さまの宮殿《きゅうでん》にたどりつきました。ご門前では立派《りっぱ》な鎖《くさり》かたびらに鉄かぶとをかぶった小さなネズミの番兵《ばんぺい》にさえぎられ、用件《ようけん》を話すまでは通してもらえません。話し終えたら内門を守る次のネズミへ先送りされ、順送《じゅんおく》りの果《は》てに、ネズミの廷臣《ていしん》をしたがえたネズミの王さまのお部屋にたどりつきました。

さて、ネズミの王さまは下にも置《お》かぬ態度《たいど》で迎《むか》え、じきじきにお言葉をたまわりました。消えた城《しろ》について余《よ》は知らぬ。だが、広い世界のネズミすべての王として、臣民《しんみん》たちにさらなる情報《じょうほう》はないかと尋《たず》ねてみることはできるぞよ。そこで、翌朝《よくあさ》にネズミの民会《みんかい》を開くと宰相《さいしょう》にお触《ふ》れを出させ、それまでは王族待遇《たいぐう》でジャックをもてなしてくれました。

しかしながら翌朝《よくあさ》、茶ネズミ、黒ネズミ、灰色《はいいろ》ネズミ、白ネズミ、まだらネズミと世界各地《かくち》からこぞってやってきたネズミたちは、あっさりこたえるばかりでした。

「恐《おそ》れながら、消えたその城《しろ》を見かけたことはございません」

それで王さまは、「そなたは、わが兄上であられるカエル王のもとへ行かねばならぬ。兄上ならば、あるいは教えてくだされよう。そなたの馬はここへ残《のこ》して、わが馬に乗っていけ。あれならば道を知っていて、安全に送《おく》り届《とど》けてくれようぞ」。

それでジャックは王さまの馬で出発し、外門にさしかかるとあの小さなネズミの番兵《ばんぺい》が出てきました。非番《ひばん》になったんですね。優《やさ》しいジャックはあの番兵《ばんぺい》にお礼をしようと、ゆうべの食事に出されたパンくずを取っておいたので、ポケットに手を突《つ》っこんで取りだそうとしました。

「はいどうぞ、ネズミ君。手間をかけたね、取っておきたまえ！」ネズミはていねいに礼を述《の》べ、なんでしたらカエルの王さまのところへついてってあげましょうかと尋《たず》ねました。

「いや、いいよ、おたくの王さまと揉《も》めちゃうだろうし」

だけどネズミは引き下がりません。「ぼくだって、なにかのお役に立つかもしれませんよ」そう言うなり、馬の後脚《あとあし》からしっぽづたいにするする上がってきてジャックのポケットに隠《かく》れます。とたんに馬が勢《いきお》いよく駆《か》けだし、ネズミを出してやるどころではありません。

とうとう、すべてのカエルを治《おさ》める王さまの宮殿《きゅうでん》にたどりつけば、ご門前でみごとな鎖《くさり》かたびらと真鍮《しんちゅう》のかぶとをかぶったカエルの番兵《ばんぺい》に止められました。聞く耳持たない頑固《がんこ》な番兵《ばんぺい》にあのネズミが声をかけ、ネズミの王さまのご用なんだ、早く入れてくれたまえと口添《くちぞ》えします。さっそく王さまの部屋に連《つ》れていかれ、立派《りっぱ》な身なりのカエルの廷臣《ていしん》たちに囲《かこ》まれた王さまにお目通りがかないました。ですが、ああ残念《ざんねん》！　王さまは金の柱に支《ささ》えられた城《しろ》の話はご存《ぞん》じなく、翌朝《よくあさ》に世界中のカエルを召集《しょうしゅう》した民会《みんかい》が開かれても、こたえはいつもこうでした。

「ケロケロ、ケロケロ」

誰《だれ》でも知ってますけどね、これはカエル語で「いいえ」ってことなんですよ。そこで王さまにいわれました。「こうなれば、残《のこ》る道はひとつしかない。そなたはわが長兄《ちょうけい》にあらせられる鳥王にお伺《うかが》いを立てねばならん。あちらの臣民《しんみん》はすべて翼《つばさ》を持っておる。もしかするとなにか見かけておるかもしれん。乗ってきた馬はここへ残《のこ》して、わが馬に乗っていけ。あれならば道を知っていて、安全に送《おく》り届《とど》けてくれようぞ」

非番《ひばん》になったカエルの番兵《ばんぺい》に出くわすと、優《やさ》しいジャックはゆうべの食事に出されたパンくずをおすそ分けしました。ご一緒《いっしょ》しましょうかとお返しに尋《たず》ねられ、断《ことわ》ってもあっさりとはみに跳《と》びつかれ、さらにひとっ跳《と》びでしりがいに、いいい、いに、もうひと跳《と》びでジャックの反対側《はんたいがわ》のポケットにもぐりこまれてしまいました。

とたんに馬が稲妻《いなずま》そこのけに駆《か》けだし、ぐにゃぐにゃしたカエルをうかつに出すどころではなくなりました。

さてさて、やがて鳥王の宮殿《きゅうでん》にたどりついてみれば、ご門前には肩章《けんしょう》をつけたツバメとカラスがもったいぶって往復《おうふく》しています。腹《はら》を抱《かか》えるジャックのポケットから、ネズミとカエルがてんでに呼《よ》ばわりました。「ネズミ王とカエル王のご用です！　おのおのがた！　お通しください」

おかげで門番たちは調子が狂《くる》い、すんなり通してくれました。

だけど、ヒタキにミソサザイに鵜《う》にジュズカケバトなどあらゆる鳥の廷臣《ていしん》たちが居並《いなら》ぶ王の部屋に通されても、残念《ざんねん》ながら消えた城《しろ》については聞いておらぬといわれてしまいました。さらに翌朝《よくあさ》の民会《みんかい》でも、なにか見聞きした鳥は一羽《わ》もいないというのです。

ジャックの望《のぞ》みが立ち消える寸前《すんぜん》に、王がこういいだしました。「それにしても、鷲《わし》はどうした？　鷲《わし》の姿《すがた》が見えんではないか」

やがて宰相《さいしょう》――ヒタキ――が進み出ておじぎしました。「恐《おそ》れながら、あの者は遅刻《ちこく》でございます」

「遅刻《ちこく》だと？」王はかんかんです。「さっさと呼《よ》べ」

さっそくヒバリ二羽《わ》が飛《と》びたち、姿《すがた》が見えないほど高く舞《ま》い上がっては、とっておきの大声で鳴きたてるうちに、鷲《わし》がようやく汗《あせ》だくの全速力で飛《と》んできました。

王が、「これ！　そなたは黄金の柱十二本に支《ささ》えられた、消えた城《しろ》を見かけはしなかったか？」

鷲《わし》はまばたきしながら申し上げました。「恐《おそ》れながら、そこから参《まい》りました」

そう聞いてみんな大喜《おおよろこ》び、鷲《わし》が子牛を丸ごと平らげて戻《もど》る力をつけると、大きな翼《つばさ》を広げてジャックを上に立たせ、ネズミとカエルはそれぞれ左右のポケットにおさまりました。そして王のお声がかりで出発し、正当な持ち主に城《しろ》を返すために全速力で飛《と》んでいきました。

大地を越《こ》え、海を越《こ》え、とうとう十二本の柱に支《ささ》えられたあの城《しろ》がはるか遠くに見えてきました。ですが、ドアや窓《まど》はどれもがっちり戸締《とじま》りされています。だってね、その日は城《しろ》を横取りしたあの召使《めしつか》いがずっと狩《か》りに出ていましたからね。そんな時はいつでも厳重《げんじゅう》に戸締《とじま》りして、他人に城《しろ》を持《も》ち逃《に》げされないように用心してたってわけですよ。あの金のかぎたばこ入れをどうやって確保《かくほ》しようかとジャックが考えあぐねていると、小さなネズミにいわれました。「ぼくにやらせてみて。どんな城《しろ》にもネズミの抜《ぬ》け道ぐらいありますから、ぼくなら絶対《ぜったい》に入れますよ」いうなり出かけてしまい、ジャックは鷲《わし》の翼《つばさ》の上でじりじりしながら待ち受けました。とうとうネズミが出てきます。

「取ってきたかい？」ジャックの大声に答えて、小さなネズミは高らかに、

「はい！」

そう聞いてみんな大喜《おおよろこ》び、ひとまず鳥王の宮殿《きゅうでん》へ戻《もど》って馬を返してもらうことにしました。だってね、あの金のかぎたばこ入れさえあれば、いつでも好《す》きな時にあの城《しろ》を出せるんですから。だけど海を渡《わた》る途中《とちゅう》、それまで鷲《わし》の翼《つばさ》に立ち通しだったジャックがくたびれて横になったすきに、ネズミと鷲《わし》はどちらがいちばん役に立ったかで口げんかになり、どちらも一歩も引かずにとうとうカエルの裁定《さいてい》を仰《あお》ぎました。カエルはすこぶる慎重派《しんちょうは》でして、そもそもの初《はじ》めから順《じゅん》を追って事情《じじょう》全体を把握《はあく》しないとね、と、こうです。それでネズミはジャックのポケットからあの金のかぎたばこ入れを出して、見つけたいきさつを一から説明《せつめい》にかかりました。そこでたまたま目を覚《さ》ましたジャックが片脚《かたあし》を伸《の》ばし、金のかぎたばこ入れを海底《かいてい》にぼち

ゃんと蹴り落《お》としてしまったんです！

「さーて、ぼくの出番のようだ」いうなり、カエルもあとを追って飛《と》びこみました。あとの者は海の上で待って待って待って、三日三晩《みっかみばん》待ちわびました。だけどカエルはまったく出てこず、もうだめかと思われた矢先に鼻づらを海面に出しました。

「取ってきたかい？」みんなが大声を上げました。

「いいや！」カエルが大きく息をつきます。

「じゃあ、なんで出てきた？」みんなが怒《おこ》って声を上げました。

「息継《いきつ》ぎさ」カエルはそうこたえると、またもぐっていったんですよ。さてさて、もう二日二晩《ふたばん》待ってようやく、カエルがあのかぎたばこ入れをくわえて浮《う》かんできました。

みんな大喜《おおよろこ》び、鷲《わし》はありえないほどの超《ちょう》スピードであっさり鳥王の宮殿《きゅうでん》に戻《もど》りました。

だけど、ああ、なんという厄日《やくび》だったことか！　ジャックの苦難《くなん》はまだまだ続《つづ》きます。母の呪《のろ》いが相変《あいか》わらず祟《たた》ってくれて、鳥王をかんかんに怒《おこ》らせたんですよ。金の柱に支《ささ》えられたあの城《しろ》を持ち帰らなかったので、明朝八時までにお目にかけなければ王を騙《だま》した罪《つみ》で首をはねるぞといわれてしまいました。

それで絶体絶命《ぜったいぜつめい》のジャックは金のかぎたばこ入れを開け、赤いナイトキャップの三人をあわてて出しました。三人とも怒《いか》りがおさまり、約束《やくそく》通りに絶体絶命《ぜったいぜつめい》の時しか働《はたら》かせない主人のもとに戻《もど》れてほっとしたようでした。だってね、あの召使《めしつか》いったら、用もないのにむやみにふたを開けては、小人《こびと》たちの安眠《あんみん》をさまたげたんですから。

翌朝《よくあさ》の時計が八時を打つ前に十二本の金の柱に支《ささ》えられたあのお城《しろ》があらわれ、鳥王はいたくご満悦《まんえつ》でジャックに馬を返し、カエル王の宮殿《きゅうでん》へ戻《もど》らせました。だけど、そこでもまるで同じことが起き、哀《あわ》れなジャックはやむなくまた開けて、カエル王に宮殿《きゅうでん》をお見せしろと命じざるをえなくなりました。赤い小人《こびと》たちはちょっとつむじを曲げたものの、しょうがないかといってくれました。あくびしながらも無事《ぶじ》に運んできた城《しろ》のおかげで、ネズミ王の宮殿《きゅうでん》までは馬で戻《もど》れました。ですが、ここでも同じことです。赤い小人《こびと》たちは憤慨《ふんがい》して金のかぎたばこ入れからよろめき出ると、これっぽっちも寝《ね》られないじゃないかと文句《もんく》をいったんですよ！　それでもいう通りにカエル王からネズミ王の宮殿《きゅうでん》へ城《しろ》を移動《いどう》させてくれたおかげで、ジャックは無事《ぶじ》に自分の馬で帰宅《きたく》を許《ゆる》されました。

一年と一日の猶予《ゆうよ》はあらかた尽《つ》きてジャックは死んだものとされ、おてんばな新《にい》妻《づま》さえ、若《わか》く美しかった夫《おっと》を思って泣《な》き暮《く》らしていました。そこへいきなり本人が出てきてみんなびっくり仰天《ぎょうてん》ですが、城《しろ》なしの手ぶらではあまりいい顔をされません。じっさい、舅《しゅうと》などはボロクソに罵《ののし》り、翌朝《よくあさ》八時までにちゃんと元の場所に戻《もど》さないと命はないぞと脅《おど》すしまつです。

むろん、これこそジャックの思うつぼでした。だってね、いよいよおだぶつって時じゃないと開けられないでしょ。とはいえ、ここしばらくは開けすぎて、へそを曲げた小人《こびと》たちとの板ばさみになっていました。癇癪《かんしゃく》を起こさせる余裕《よゆう》を与《あた》えるか、怒《おこ》る余裕《よゆう》もないほどせきたてるか。とうとう半々で行くことにして、八時五分前に開けて耳をふさいだんです！

まあねえ、あれほど派手《はで》なあくびや、どなり声や、脅《おど》しや、不平不満《ふへいふまん》は聞いたことがないでしょうよ。あんたね、いったいなに考えてんだ。一個《こ》のサクランボをわざわざ四度に分けてかじろうたあ、どういう料簡《りょうけん》だよ？　そんなにいつもいつも命の危険《きけん》にさらされてんなら、いっそきれいさっぱり死んでケリをつけりゃいいだろうが？

てんやわんやのさなか、大時計のゼンマイがじりじり巻《ま》きにかかり――。

「あのね、きみたち！」ジャックがいいました――怖《こわ》くて本気でがたがた震《ふる》えながら——「頼《たの》むから、いわれた通りにやってくれよ」

「これっきりだぞ」小人《こびと》たちは金切り声を上げました。「もうやってられるか。毎日のように絶体絶命《ぜったいぜつめい》のドツボにはまる主人なんざ、まっぴらだ」

と、三人とも窓《まど》から飛《と》んでいきました。


そして、二度と戻《もど》ってきませんでした。


それからというもの、あの金のかぎたばこ入れはずっとからっぽのままです。だけど窓《まど》の外を見れば、池の中央に十二本の金の柱に支《ささ》えられた城《しろ》がちゃんとあり、ナイトキャップが前にもまして可愛《かわい》くておてんばな新妻《にいづま》もやっぱり窓《まど》の外を見ていました。

あとは、ふたりでいつまでも幸せに暮《く》らしましたとさ。

ぼろ娘《むすめ》

むかし、海のそばの大きなお屋敷《やしき》に、とてもお金持ちの年老《としお》いた領主《りょうしゅ》が住んでいました。領主《りょうしゅ》は奥《おく》さんと子どもを亡《な》くし、たったひとりの孫娘《まごむすめ》と暮《く》らしていましたが、一度としてその孫娘《まごむすめ》の顔を見たことがありませんでした。可愛《かわい》がっていた娘《むすめ》が死んだのは、孫娘《まごむすめ》が生まれたせいだったので、孫娘《まごむすめ》をひどく嫌《きら》っていたからです。年寄《としよ》りの乳母《うば》が赤《あか》ん坊《ぼう》の孫娘《まごむすめ》を領主《りょうしゅ》のもとへ連《つ》れていったとき、領主《りょうしゅ》はきっぱりとこういいました。そいつが生きようと死のうと勝手だが、わしが生きとるあいだはその顔をぜったいに見るものか、とね。

そんなわけで、領主《りょうしゅ》が背《せ》を向け、海をのぞむ窓辺《まどべ》に座《すわ》って、失《うしな》った娘《むすめ》を思いながら泣《な》き続《つづ》けているうちに、その白い髪《かみ》とあごひげは肩《かた》よりも伸《の》び、座《すわ》っている椅子《いす》にぐるりとからみつき、床《ゆか》のあちこちにあいた割《わ》れ目《め》へと入りこんでいきました。涙《なみだ》は窓《まど》のさんに落ち、石をうがって流れ、小さな川になって、大きな海へと注ぎます。そのあいだ、孫娘《まごむすめ》は誰《だれ》からも気にかけてもらえず、面倒《めんどう》も見てもらえずに育ちました。年寄《としよ》りの乳母《うば》だけが、誰《だれ》もそばにいないとき、たまに台所から食《た》べ残《のこ》しを持っていってやったり、ぼろの服を入れる袋《ふくろ》から破《やぶ》れたスカートを出してやったりするだけです。城《しろ》のほかの召使《めしつか》いたちは、孫娘《まごむすめ》をぶったりからかったりして、屋敷《やしき》から追いやります。むき出しの足や肩《かた》を指さされ、〝ぼろ娘《むすめ》〟と呼《よ》ばれた孫娘《まごむすめ》は、泣《な》きながら逃《に》げて、やぶのなかに隠《かく》れるのでした。

というわけで、孫娘《まごむすめ》は食べるものもろくに食べず、着るものもろくに着ず、たいてい屋敷《やしき》の外で過《す》ごしました。ただひとり一緒《いっしょ》にいてくれるのは、野原でガチョウの群《む》れを育てている、足の悪いガチョウ番だけです。このガチョウ番は、いっぷう変《か》わった陽気な男で、孫娘《まごむすめ》がおなかをすかせていたり寒かったり疲《つか》れたりしているとき、小さな笛をさも楽しそうに吹《ふ》いてみせるので、孫娘《まごむすめ》はいやなことを忘《わす》れ、にぎやかなガチョウの群《む》れを相手に踊《おど》りはじめてしまうのでした。

さて、ある日のこと、国を旅していらっしゃる王さまが近くの町で盛大《せいだい》な舞踏会《ぶとうかい》を催《もよお》す、という話でもちきりになりました。国じゅうの領主《りょうしゅ》とその奥方《おくがた》すべてを招待《しょうたい》して、一緒《いっしょ》にお越《こ》しになるお嬢《じょう》さまたちのなかから、ひとり息子《むすこ》の王子がお妃《きさき》を選《えら》ぶというのです。やがて、王さまからの舞踏会《ぶとうかい》への招待状《しょうたいじょう》の一通が、海辺《うみべ》の屋《や》敷《しき》にも届《とど》き、召使《めしつか》いがそれを年老《としお》いた領主《りようしゆ》のもとへ届《とど》けました。領主《りようしゆ》はまだ窓《まど》のそばに座《すわ》って、自分の長い白髪《しらが》に包《つつ》まれ、自分の涙《なみだ》でできた小さな川に涙《なみだ》を落としていました。

けれど、王さまの命令《めいれい》を聞くと、涙《なみだ》をふき、大ばさみを持ってきて自分を動けるようにしろと命じました。髪《かみ》にしっかり縛《しば》りつけられて囚《とら》われの身になり、まったく動けなかったからです。そのあと、豪華《ごうか》な服と宝石《ほうせき》を買ってこさせて身につけると、白い馬に金銀で飾《かざ》りたてた鞍《くら》をつけるよう命じました。王さまに会いにいくときに乗るのです。でも、舞踏会《ぶとうかい》に連《つ》れていくべき孫娘《まごむすめ》がいることは、すっかり忘《わす》れていました。

そのあいだ、ぼろ娘《むすめ》は台所のドアのそばで泣《な》いていました。この華々《はなばな》しい催《もよお》しを見にいけないからです。年寄《としよ》りの乳母《うば》はその泣《な》き声《ごえ》を聞いて、領主《りようしゆ》のもとへ行き、王さまの舞踏会《ぶとうかい》へ孫娘《まごむすめ》を連《つ》れていってほしいと頼《たの》みました。

ところが、領主《りようしゆ》は顔をしかめ、黙《だま》れといっただけです。召使《めしつか》いたちは大笑《おおわら》いして、こういいました。「ぼろ娘《むすめ》はぼろを着て、ガチョウ番と遊んでりゃ幸せなのさ！　ほっとけ、ほっとけ――それこそお似合《にあ》いなんだから」

二度、三度と、年寄《としよ》りの乳母《うば》は一緒《いつしよ》に孫娘《まごむすめ》を連《つ》れていってほしいと頼《たの》みましたが、領主《りょうしゅ》は不機嫌《ふきげん》な顔をし、ひどい言葉を口にするだけでした。おまけに、乳母《うば》はあざける召使《めしつか》いたちに叩《たた》かれたりからかわれたりしたあげく、部屋から追い出されてしまいました。

聞き入れてもらえなかったので涙《なみだ》にくれながら、年寄《としよ》りの乳母《うば》はぼろ娘《むすめ》を探《さが》しにいきました。けれど、孫娘《まごむすめ》はすでに料理番《りょうりばん》にドアのそばから追《お》い払《はら》われて、友だちのガチョウ番のもとへ走っていき、王さまの舞踏会《ぶとうかい》に行けなくて悲しいと訴《うった》えていました。

さて、ガチョウ番は娘《むすめ》の話を聞くと、元気を出してと励《はげ》まし、王さまやすてきなものをあれこれ見に町へ一緒《いっしょ》に行こうじゃないかと誘《さそ》いました。孫娘《まごむすめ》は自分のぼろぼろの服やはだしの足を悲しげに見下ろしたのですが、ガチョウ番が笛で曲をひとつふたつ吹《ふ》くと、それがあまりにも明るく楽しそうなものですから、涙《なみだ》もいやなこともすっかり忘《わす》れ、いつのまにかガチョウ番に手を取られて、ふたりで踊《おど》りながら、ガチョウたちの後ろから町をめざしていきました。

「たとえ足が悪くても、踊《おど》りたいときは踊《おど》れるんだよ」とガチョウ番はいいました。

だいぶ進んだころ、馬に乗った立派《りっぱ》な身なりのすてきな若者《わかもの》が立ち止まり、王さまの泊《と》まっている城《しろ》への道を尋《たず》ねました。そして、ふたりもそこへ行くことがわかると、馬から下り、連れだって道を歩きました。

「陽気な方たちですね」と若者《わかもの》はいいました。「一緒《いっしょ》にいると楽しくなりそうです」

「ええ、楽しくなりますとも」ガチョウ番はそういって、踊《おど》りの音楽ではない新しい曲を吹《ふ》きました。

それは不思議《ふしぎ》な調べで、なぜか若者《わかもの》はぼろ娘《むすめ》をじっと、じっと、じっと見つめ、やがてぼろが目に入らなくなりました。なんと、しまいには、娘《むすめ》の美しい顔しか見えなくなったのです。

やがて、若者《わかもの》はいいました。「あなたは世界一美しい娘《むすめ》さんだ。ぼくと結婚《けっこん》してくれませんか？」

そこで、ガチョウ番はひとりにっこりして、いっそう心地《ここち》よい曲を吹《ふ》きました。けれど、ぼろ娘《むすめ》は笑《わら》い飛《と》ばして、いいました。「わたしじゃ、だめよ。あなたは恥《は》ずかしい思いをなさるでしょうし、きっとわたしも同じです。ガチョウ番と仲《なか》のいい娘《むすめ》を奥《おく》さんにするなんて！　今夜、王さまの舞踏会《ぶとうかい》でごらんになるきれいな女性《じょせい》たちのひとりに、求婚《きゅうこん》なさるといいわ。みじめなぼろ娘《むすめ》をからかわないでくださいな」

それでも、娘《むすめ》が拒《こば》めば拒《こば》むほど、ガチョウ番はますます心地《ここち》よい曲を吹《ふ》き、若者《わかもの》はますます深く恋《こい》に落ちていきました。そして、ついには、今夜十二時に王さまの舞踏会《ぶとうかい》に来てくださいと頼《たの》みました。このままガチョウ番とガチョウを連《つ》れ、破《やぶ》れたスカートとはだしで来て、王さまや並《な》みいる領主夫妻《りょうしゅふさい》の前で、自分があなたと踊《おど》り、愛《あい》する花嫁《はなよめ》としてあなたを選《えら》んだことを一同に告《つ》げるのを、その目でごらんなさいと。

さて、最初《さいしょ》、ぼろ娘《むすめ》は断《ことわ》りましたが、ガチョウ番がいいました。「幸運がやってきたときには、つかむがいいよ、お嬢《じょう》ちゃん」

そこで、夜になり、城《しろ》の大広間に明かりと音楽があふれ、大勢《おおぜい》の領主夫妻《りょうしゅふさい》が王さまの前で踊《おど》り、時計が十二時を打ったとき、頭を揺《ゆ》らしながらガアガアと鳴くにぎやかなガチョウたちの群《む》れに続《つづ》いて、ぼろ娘《むすめ》とガチョウ番は大きな扉《とびら》から入り、舞《ぶ》踏《とう》室をまっすぐに歩いていきました。両側《りょうがわ》にいる領主夫人《りょうしゅふじん》たちはひそひそとささやき、領主《りょうしゅ》たちは大声で笑《わら》い、ずっと奥《おく》に座《すわ》っている王さまは驚《おどろ》いて目を丸くしました。

ところが、その行列が玉座《ぎょくざ》の前に近づくと、ぼろ娘《むすめ》に愛《あい》を告《つ》げた若者《わかもの》が王さまの隣《となり》から立ち上がり、娘《むすめ》を迎《むか》えにきました。そして、娘《むすめ》の手を取り、一同の前で娘《むすめ》に三度キスをしてから、王さまに向き直りました。

「父上!」若者《わかもの》は王さまにいいました。王さまの息子《むすこ》、王子だったからです。「ぼくは決めました。この方こそ、ぼくの花嫁《はなよめ》です。国じゅうでいちばん美しく、愛《あい》らしい娘《むすめ》さんなのです！」

王子が話を終えないうちに、ガチョウ番は笛を唇《くちびる》にあて、森の奥《おく》で鳥がさえずっているような調べを奏《かな》でました。すると、ぼろ娘《むすめ》のぼろはぴかぴかの宝石《ほうせき》が縫《ぬ》いこまれた輝《かがや》くドレスに変《か》わり、娘《むすめ》の金色の髪《かみ》には金の冠《かんむり》がのり、背後《はいご》にいるガチョウの群《む》れは品のいい男の子たちになって、娘《むすめ》のドレスの長い裾《すそ》を持ちました。

王さまが立ち上がり、自分の娘《むすめ》として喜《よろこ》んで迎《むか》えると、新しい姫《ひめ》をたたえてトランペットが高らかに鳴りひびき、外の通りにいた人々は口々にいいました。「ああ！　王子さまが国じゅうでいちばん美しい娘《むすめ》をお妃《きさき》さまにお選《えら》びなすったんだね！」

けれど、そのあとガチョウ番は二度と姿《すがた》を見せず、どうなったのか誰《だれ》にもわかりませんでした。年老《としお》いた領主《りょうしゅ》は、海辺《うみべ》にある自分の屋敷《やしき》へ戻《もど》りました。孫娘《まごむすめ》の顔をけっして見ないといったからには、城《しろ》にいられなかったからです。

いまでも、領主《りょうしゅ》はそこにいて、窓辺《まどべ》に座《すわ》っています。あなたはいつかその姿《すがた》を見られるかもしれませんが、もし見られたら、以前《いぜん》よりもいっそう激《はげ》しく泣《な》いているでしょうね。そして、その白い髪《かみ》は領主《りょうしゅ》を石に縛《しば》りつけ、涙《なみだ》は川となって広い海に注いでいることでしょう。

楽しき国イングランドの聖《せい》ジョージ

昼なお暗い深い森に、カリブという悪い魔女《まじょ》が住んでいました。魔女《まじょ》の館の鉄門には炎《ほのお》のトランペットがつけてありましたが、誰《だれ》もわざわざ吹《ふ》き鳴《な》らして呼《よ》んだりしません。カリブの悪事は数えきれないほどで、生まれたばかりの赤ちゃんをさらってきて殺《ころ》すのがとりわけ大好《だいす》きでした。

王さまの執事《しつじ》長をつとめたこともあるコヴェントリー伯爵《はくしゃく》に男の子が生まれると、カリブにさっそく目をつけられたらしく、伯爵《はくしゃく》の留守《るす》にお産《さん》で奥方《おくがた》が亡《な》くなったすきに、うかつな乳母《うば》の手からまんまとさらわれてしまいました。

ですが、この赤ちゃんの体には生まれながらの英雄《えいゆう》の証拠《しょうこ》がいくつもありました。胸《むね》には今にも動きそうに鮮《あざ》やかな竜《りゅう》形のあざ、右手には血のように赤い十字のしるし、左脚《ひだりあし》には名誉《めいよ》ある金のガーター形のあざが浮《う》き出ていたのです。

さすがのカリブも殺《ころ》すのが惜《お》しくなり、やがて、すくすくと美しく育つ赤ちゃん

に目を細めるようになりました。そうして十四年が過《す》ぎて、騎士《きし》に憧《あこが》れる少年になるころには、この子を手放すなんてとんでもないと思うほどになったのです。
でも、あくまで名誉《めいよ》を重んじる少年は悪事が大きらいです。そんな少年をなんとか手なずけようと、ある日のこと、魔《ま》女《じょ》は炎《ほのお》の城《しろ》へ連《つ》れていって囚《とら》われの勇士《ゆうし》六人を見せました。
そしていうには、「さ、ごらん！　この者らは六つのキリスト教国を代表する勇者《ゆうしゃ》たちです。いずれはおまえも仲間《なかま》入《い》りし、楽しき国イングランドの聖《せい》ジョージと呼《よ》ばれるのよ。ただしこれからも、わたしのそばにずっといてくれれば」。
ですが、少年は、うんといいません。

お次の行き先は大きな厩《うまや》で、世にもまれな名馬が七頭いました。「この六頭はさっきの六人の愛馬《あいば》です。ひときわ立派《りっぱ》な七頭めはベイヤードといってね、速さも力も世界一ですよ。その馬をおまえにあげよう。ただしこれからも、わたしのそばにずっといてくれれば」

それでも、少年は、うんといいません。

今度こそは、と魔女《まじょ》が案内《あんない》したのは武器庫《ぶきこ》でした。いちばん上等なよろいを着せてやり、金飾《かざ》りのかぶとをかぶせ、名剣《めいけん》を選《えら》んで持たせてやりました。「このよろいにはどんな刃《は》も立たず、この剣《けん》はアスカロンといって、触《ふ》れるものをことごとくまっぷたつにするのよ。全部、おまえにあげよう。さあ、今度こそ、ずっとそばにいてくれるでしょう？」

それでも、少年は、うんといいません。

そこで魔女《まじょ》はごきげん取りに自分の魔法《まほう》の杖《つえ》をくれてやり、魔法《まほう》の領土《りょうど》に少年の力がくまなく及《およ》ぶようにしました。その上で、「今度こそ、ずっといてくれるでしょう？」

ところが、杖《つえ》を手にした少年は、そばの大岩をはっしと打ちすえました。すると！　ぱっくり割《わ》れた岩のうしろに大きな洞穴《ほらあな》があらわれ、悪い魔女《まじょ》に殺《ころ》された赤ちゃんのなきがらが、いくつもいくつも数えきれないほど投《な》げ捨《す》てられているではありませんか。

身の毛もよだつその洞穴《はらあな》へ、魔女《まじょ》自身の魔力《まりょく》でむりやり入らせると、少年はまたしてもあの杖《つえ》で大岩を打ちすえました。すると！　岩は永遠《えいえん》に閉《と》じてしまい、地下に閉《と》じこめられた魔女《まじょ》は、ものいわぬ岩を相手にいつまでもわが身の悪事を嘆《なげ》くしかなくなったのです。

少年はあの六人を助け出して馬を返してやると、自分はベイヤードにまたがり、ともにコヴェントリーの町をめざしました。

その地でひたすら武芸《ぶげい》のけいこに励《はげ》んで九ヵ月過《す》ごし、春になると、やる気まんまんの仲間《なかま》六人と連《つ》れだって、外国へ武者修行《むしゃしゅぎょう》の旅に出たのです。

そうしてみんなで三十日と三十夜のあいだ馬を走らせ、広い野原に出ました。野原のまんなかに大きな火柱が立って、そこから街道《かいどう》が七つに枝分《えだわ》かれしています。七人は別《わか》れをいい合い、勇《いさ》んでそれぞれの道をたどりました。

ベイヤードの駆《か》けていった先にはやがて大海原《おおうなばら》がひらけ、エジプト行きの立派《りっぱ》な船がいます。長い航海《こうかい》の末《すえ》にたどりついてみると、静《しず》かな夜の翼《つばさ》が国土を包《つつ》みこんでいました。

それで、わび住まいの隠者《いんじゃ》に宿を頼《たの》んだところ、こういわれました。「楽しき国イングランドの気高い騎士《きし》どの——よろいの胸《むね》にご紋章《もんしょう》が彫《ほ》ってあります——まずい時においでになりましたな。この国は恐《おそ》ろしい竜《りゅう》に荒《あ》らされ、わずかに生《い》き残《のこ》った民《たみ》は死者の葬式《そうしき》さえ満足《まんぞく》に出せません。竜《りゅう》めは昼となく夜となく国じゅうをうろつき、清《きよ》らかな乙女《おとめ》を日ごとにひとりずつ食わせねば恐《おそ》ろしい疫病《えきびょう》を起こすのですよ。二十四年もそんな災《わざわ》いが続《つづ》きまして、もう、どこを探《さが》しても乙女《おとめ》はひとりしか残《のこ》っておりません。美しいサビア王女さまです。なのに、その方《かた》も明日になれば食われてしまうのです、どなたか勇敢《ゆうかん》な騎士《きし》があの怪物《かいぶつ》を退治《たいじ》してくださらない限《かぎ》りは。みごと竜《りゅう》を退治《たいじ》した勇士《ゆうし》には王女を与《あた》え、いずれはエジプトの王冠《おうかん》を継《つ》がせようと国王は仰《おお》せです」

「王冠《おうかん》などはどうでもよい」聖《せい》ジョージは大胆《だいたん》にいい放ちました。「だが、美しい乙女《おとめ》の苦難《くなん》は捨《す》ておけませぬ。その怪物《かいぶつ》をこの手で退治《たいじ》してやりましょう」

そういうと夜が明けるのを待ちかねて、よろいをつけて愛剣《あいけん》アスカロンをひっさげ、ベイヤードにまたがって竜《りゅう》の谷へ乗りこんでいきました。途中《とちゅう》で出くわした行列では、見たこともないほど美しい乙女《おとめ》をおばあさんたちが囲《かこ》んで泣《な》いています。同情《どうじょう》した騎士《きし》は馬を降《お》り、頭を下げて姫《ひめ》にねんごろに声をかけました。どうぞお父上の城《しろ》にお戻《もど》りください、じきにあの恐《おそ》ろしい竜《りゅう》を退治《たいじ》して参《まい》りますからと。そうして美しいサビアの涙顔《なみだがお》を感謝《かんしゃ》の笑顔《えがお》にして城《しろ》へ戻《もど》らせ、自分ひとりでそのまま先へ進みました。

勇士《ゆうし》を見た竜《りゅう》はしわくちゃの喉《のど》から雷《かみなり》のような声を放ち、おぞましい巣穴《すあな》から転がり出てきて炎《ほのお》の翼《つばさ》を広げました。

ここまで巨大《きょだい》な竜《りゅう》を前にすれば、どんな心臓《しんぞう》でもすくんでしまったことでしょう。なにしろ、肩《かた》からしっぽまで四十フィート以上《いじょう》がびっしりと銀の鱗《うろこ》に守られ、腹《はら》は金色にぎらつき、炎《ほのお》をあげる翼《つばさ》には赤黒い血がどくどくと脈打《みゃくう》っているのですから。

騎士《きし》はまっしぐらに竜《りゅう》にぶつかっていって落馬しかけたものの、すぐさま体勢《たいせい》を立て直して槍《やり》をふるい、槍《やり》の柄《え》が砕《くだ》けんばかりの力で刺《さ》し通《とお》しました。手負いの竜《りゅう》は激怒《げきど》し、強烈《きょうれつ》なしっぽの一撃《いちげき》で馬ごと吹《ふ》っ飛《と》ばします。

たまたま騎士《きし》が落ちた場所は、満開《まんかい》のオレンジの木陰《こかげ》でした。毒消《どくけ》し効果《こうか》のある清《きよ》らかな花にはばまれて、竜《りゅう》のように毒《どく》のある獣《けもの》は近寄《ちかよ》れません。おかげで回復《かいふく》できた騎士《きし》は勇気《ゆうき》りんりん馳《は》せ戻《もど》り、頼《たよ》れる愛剣《あいけん》アスカロンをふるって、鱗《うろこ》に守られた横腹《よこばら》を一撃《いちげき》しました。とたんにどっと竜の傷《きず》からほとばしり出る黒い毒液《どくえき》に灼《や》かれ、よろいがまっぷたつに裂《さ》けてしまいます。あのオレンジの木がなければやられてしまうところでしたが、聖《せい》ジョージはふたたび木陰《こかげ》にしりぞき、いと高き神に自らの命をゆだねて、勝つ力を与《あた》えたまえと祈《いの》りました。祈《いの》り終えてまたもや果敢《かかん》に突撃《とつげき》し、翼《つばさ》の下を狙《ねら》った剣《けん》が心臓《しんぞう》に届《とど》きました。瀕死《ひんし》の竜《りゅう》の血が草地を赤く染《そ》めます。聖《せい》ジョージはその恐《おそ》ろしい首をはねて槍《やり》の柄《え》にぶらさげ、愛馬《あいば》ベイヤードのくつわを王城《おうじょう》へと向けました。

　さて、国王の名はプトレマイオスといいました。あの恐《おそ》ろしい竜《りゅう》が本当に退治《たいじ》されたと知るや、都を挙《あ》げてお祝《いわ》いのおふれを出しました。それから礼を尽《つ》くして聖《せい》ジョージの出迎《でむか》えにかかりました。黒檀《こくたん》の車輪《しゃりん》をつけた金の戦車《せんしゃ》に絹《きぬ》のクッションを敷《し》き詰《つ》めて騎士《きし》を乗せ、お供《とも》には真紅《しんく》のベルベットに純白《じゅんぱく》の馬で美々しく飾《かざ》った貴族《きぞく》百名をさしむけ、凱旋《がいせん》行列の前後には楽隊《がくたい》をつけて、極上《ごくじょう》の音色を響《ひび》かせます。

　疲《つか》れて負傷《ふしょう》した騎士《きし》は王城《おうじょう》で美しいサビア王女の手当てを受け、澄《す》んだ水のきらめきをたたえたダイヤの指輪《ゆびわ》を婚約《こんやく》のしるしに贈《おく》られました。そして騎士《きし》の証《あかし》である金の拍車《はくしゃ》をつけて御前《おんまえ》に出たのちに大宴会《だいえんかい》となり、やがて寝室《しんしつ》にひきとれば、美しい王女が自室のバルコニーから金のハープでここちよい眠《ねむ》りの音楽を奏《かな》でてくれたのです。

　そこまでは万事《ばんじ》めでたく運びましたが、ああ、何たること！　行く手に暗雲がたちこめました。

モロッコの黒人王アルミドールは長らくサビアに片思《かたおも》いしていましたが、竜《りゅう》から守ってやるほどの度胸《どきょう》はありませんでした。それなのに、美しい王女が命の恩人《おんじん》を慕《した》う様子に心穏《おだ》やかではいられず、こうなったら、とことん汚《きたな》い手を使ってやろうと決意したのです。

そこでプトレマイオス王を訪《たず》ね、美しいサビアはキリスト教に改宗《かいしゅう》してイングランドへ行くと聖《せい》ジョージに約束《やくそく》した――たまたまその通りだったのですが――と告《つ》げ口《ぐち》しました。父王はたちまち激怒《げきど》し、これまでの誓《ちか》いをかなぐり捨《す》てて卑劣極《ひれつきわ》まる裏切《うらぎ》りをもくろんだのです。

王は聖《せい》ジョージの愛《あい》と忠誠心《ちゅうせいしん》をさらに試《ため》すといいだし、密書《みっしょ》を持たせてペルシア皇帝《こうてい》のもとへ使いにやりました。しかも愛馬《あいば》ベイヤードも愛剣《あいけん》アスカロンも置《お》いていかせ、愛《あい》するサビアに別《わか》れを告《つ》げることさえ許《ゆる》しません。

そんなわけで聖《せい》ジョージはひとり寂《さび》しく旅立ち、さまざまな危険《きけん》をしのいでペルシア皇帝《こうてい》の宮廷《きゅうてい》に無事《ぶじ》たどりつきました。ですがそこで、密書《みっしょ》の内容《ないよう》が「この手紙を持ってきた者を絶対《ぜったい》に殺してほしい」だったとわかって腹《はら》を立てます。しかしながら味方してくれる者もおらず、死刑宣告《しけいせんこく》のあとは不潔《ふけつ》な地下牢《ちかろう》に放りこまれ、はだかに古むしろ一枚《いちまい》を巻《ま》きつけただけの姿《すがた》で、猛烈《もうれつ》に吼《ほ》えたける飢《う》えたライオン二頭にいよいよ食われることになりました。このひどいやり口に怒《いか》り狂《くる》った聖《せい》ジョージは、力まかせに足枷《あしかせ》の釘《くぎ》を引《ひ》っこ抜《ぬ》き、琥珀色《こはくいろ》の長い髪《かみ》をむしりとって籠手《こて》がわりに巻《ま》くと、ライオンどもに立ち向かいました。そして左右の腕《うで》を一頭ずつの喉《のど》につっこんで窒息《ちっそく》させ、息絶《いきた》えたライオンの心臓《しんぞう》をちぎりとって高く掲《かか》げるや、震《ふる》えおののく刑吏《けいり》どもに向かって高らかに勝ち名乗りをあげたのです。

この一件《けん》でペルシア皇帝《こうてい》は処刑《しょけい》をあきらめ、地下牢《ちかろう》のかんぬきを倍にして聖《せい》ジョージを幽閉《ゆうへい》しました。気の毒《どく》な騎士《きし》はそんなところに七年も放っておかれ、生き別《わか》れた姫《ひめ》の面影《おもかげ》ばかりを思い暮《く》らしました。牢《ろう》内の友だちといえば、そこらを駆《か》け回るハツカネズミやドブネズミばかり。飲み食いはひどく粗末《そまつ》なパンと、汚《よご》れた水だけでした。

そんなある日、処刑《しょけい》されそうになったあの時に怒《いか》りにまかせて引っこ抜《ぬ》いてからずっと、地下牢《ちかろう》の暗い隅《すみ》っこにまぎれていた足枷《あしかせ》の鉄釘《くぎ》をようやく見つけました。錆《さ》びて朽《く》ちかけてはいたものの、独房《どくぼう》の壁《かべ》を掘《ほ》って王宮の庭へ出る道具には使えます。そうして外へ出てみれば、ものみなすべてが寝静《ねしず》まった夜中でした。それでも耳をすませば厩《うまや》で話し声がして、何かの使者が乗る馬に馬番がふたりがかりで鞍《くら》を置《お》いています。聖《せい》ジョージは脱獄《だつごく》に使ったあの釘《くぎ》でふたりとも仕留《しと》め、その馬にまたがって堂々《どうどう》と都の大門へ向かうと、青銅《せいどう》の塔《とう》にいた番兵《ばんぺい》どもにこう告《つ》げました。聖《せい》ジョージが脱獄《だつごく》したぞ、ただちに後を追う。そうやって開けさせた大門をまんまと通り、夜が白む前に脱出《だつしゅつ》を果《は》たしたのです。

ほどなく空腹《くうふく》で死にそうになり、行く手の断崖《だんがい》に立つ城《しろ》で食べ物を分けてもらおうとしました。しかしながら近づいていくと、青と金のドレスを着た美しい姫《ひめ》が、窓《まど》から悲しそうに見ています。

そこで馬を降《お》りて呼《よ》びかけました。「姫《ひめ》！ なにやら苦しみがおありなら、同じく苦しむ者に情《なさ》けをかけたまえ。キリスト教徒《きょうと》の騎士《きし》であり、こうして飢《う》え死《じ》にしそうなわたくしに、肉のある食事をふるまってください」

姫《ひめ》はすぐさまこたえました。「騎士《きし》どの！ すぐさま全力でお逃《に》げなさいませ。わが夫《おっと》は手ごわい回教徒《かいきょうと》の巨人《きょじん》で、キリスト教徒《きょうと》を残《のこ》らず根絶《ねだ》やしにすると誓《ちか》っております」

聖《せい》ジョージは笑《わら》い飛《と》ばして、「では、そやつにいっておやりなさい、美しいご婦《ふ》人《じん》よ」と大声でいいました。「キリスト教徒《きょうと》の騎士《きし》が門前でお待ちかねだ。やつの城《しろ》でこれから空腹《くうふく》を満《み》たすか、城主《じょうしゅ》を倒《たお》すか、どちらかを選《えら》べと」

巨人《きょじん》の城主《じょうしゅ》はこの大胆不敵《だいたんふてき》な挑戦《ちょうせん》を聞きつけてさっそくあらわれ、巨大《きょだい》な鉄の棍《こん》棒《ぼう》をふるって襲《おそ》いかかりました。化け物かというほど醜《みにく》いやつで、どんな猪《いのしし》よりも硬《かた》い毛を逆立《さかだ》てた大きな頭、燃《も》えさかる目、虎《とら》のような大きな口です。そんなものに驚《おどろ》くような聖《せい》ジョージではありませんが、なにせ空腹《くうふく》で気が遠くなりかけた今のありさまでは、いよいよだめかと覚悟《かくご》しました。それでも神に運命をゆだねて立ち向かい、いかにもみすぼらしい武装《ぶそう》で互角《ごかく》に戦《たたか》いながらも、ここに魔法《まほう》の名剣《めいけん》アスカロンがあればと思わずにはいられませんでした。戦《たたか》いは正午まで続《つづ》き、さしもの英雄も力尽《ちからつ》きかけましたが、巨人《きょじん》の足がうまく木の根っこにつまずいたすきに、すかさずあばらを刺《さ》して仕留《しと》めたのです。

そうして入城《にゅうじょう》すると、恐《おそ》ろしい夫《おっと》から解放《かいほう》されたあの美しい姫《ひめ》が出迎《でむか》えて、至《いた》れり尽《つ》くせりで数々のごちそうや混《ま》じりけのないワインを並《なら》べ、馬の世話を命じてくれました。

感謝《かんしゃ》する姫《ひめ》をあらためて城《しろ》の女あるじにして旅立つと、ほどなく黒魔術師《くろまじゅつし》オーマダインの魔法《まほう》庭園にやってきました。その庭の「生きた岩」には魔法剣《まほうけん》が刺《さ》さっています。見たこともないほどきらびやかなこしらえで、剣帯《けんたい》に玉髄《ぎょくずい》やサファイアなどの宝玉《ほうぎょく》をちりばめ、柄頭《つかがしら》にはめこんだ純銀《じゅんぎん》の玉には、こんな銘《めい》が金で彫《ほ》ってありました。

わが術《じゅつ》にて　この地をこよなく強く縛《しば》る
はるか北の騎《き》士《し》にわが剣《けん》を見出《みいだ》されるまで
その者こそは石床《いしどこ》よりこの剣《けん》を抜《ぬ》き放つ者
見よ！　その訪《おとず》れは賢者《けんじゃ》オーマダインの最期《さいご》
さらば　わが魔力《まりょく》、わが呪術《じゅじゅつ》、わがすべてよ

読み終えた聖《せい》ジョージは柄《つか》に手をかけました。ところが！　生糸《きいと》の束《たば》にでも刺《さ》さっていたように、するりと抜《ぬ》けたではありませんか。とたんに魔《ま》法《ほう》庭園の扉《とびら》という扉《とびら》が開き、総毛立《そうけだ》ったオーマダインが出てきました。勇者《ゆうしゃ》の手にうやうやしくキスし、洞穴《ほらあな》のひとつへ案内《あんない》します。そこには金の布《ぬの》にくるまれた若者《わかもの》が、四人の美しい乙女《おとめ》の奏《かな》でる歌で眠《ねむ》っていました。

「この騎《き》士《し》は」黒魔術師《くろまじゅつし》がこの世ならぬ声で、「誰《だれ》あろう、そなたの戦友《せんゆう》でウェールズの一の騎《き》士《し》、聖《せい》ダフィッドだ。やはりあの剣《けん》を抜《ぬ》こうとしてしくじった。だから術《じゅつ》をかけてやったのに、そなたのせいで解《と》けてしまったわ」

そう語るうちに空がごろごろ鳴りだし、かつて地上に落ちたこともないほどすさまじい雷《かみなり》の音を合図に、あの魔《ま》法《ほう》庭園のすべてが消えうせました。残《のこ》ったのは七年の眠《ねむ》りからさめたウェールズの勇者《ゆうしゃ》だけで、古《ふる》なじみの戦友《せんゆう》として聖《せい》ジョージに礼を述《の》べ、心から歓迎《かんげい》しました。

楽しき国イングランドの聖《せい》ジョージは、残《のこ》りの長い旅路を苦もなく駆《か》け、途中《とちゅう》でいくつも冒険《ぼうけん》に出会いながら、愛《あい》するサビアを残《のこ》してきたエジプトに帰りつきました。しかしながら初上陸《はつじょうりく》の時にも宿を借《か》りたあの隠者《いんじゃ》の話で、失意《しつい》と不安《ふあん》のどん底《ぞこ》に落とされたのです。それによると、姫《ひめ》は何度も拒《こば》んだのに、おおぜいの妻《つま》がいるモロッコの黒人王アルミドールにむりやり輿入《こしい》れさせられたといいます。騎士《きし》はそれを聞いて、モロッコの都トリポリに向かいました。あれほどの苦難《くなん》のもととなった愛《いと》しい姫《ひめ》に、どんな犠牲《ぎせい》を払《はら》ってでも一目会いたい。そのために隠者《いんじゃ》の古マントを借《か》りて乞食《こじき》に変装《へんそう》し、後宮の門前にひざまずく貧《まず》しい老人《ろうじん》や病人の群《む》れに加《くわ》わりました。

手近な者たちに事情《じじょう》を尋《たず》ねると、こういわれました。「善良《ぜんりょう》なサビア妃《ひ》さまがわしらをお救《すく》いくださるのは、愛《あい》するイングランドの聖《せい》ジョージさまの無事《ぶじ》を願《ねが》ってほしいという思いがおありだからじゃよ」

そう聞いた聖《せい》ジョージの胸《むね》は喜《よろこ》びにはちきれそうになり、おちおちひざまずいていられません。まさにその時、相変《あいか》わらずの美貌《びぼう》を長年の心痛《しんつう》にゆがませて青ざめたサビアが、頭から足まで喪服《もふく》をまとって出てきました。

そうして無言《むごん》でひとりずつに小銭《こぜに》を恵《めぐ》んでゆきます。ところが聖《せい》ジョージの番になると、姫《ひめ》は驚《おどろ》いて胸《むね》を押《お》さえました。やがて消え入るような声で、「お立ちなさい、乞食《こじき》どの！　あなたは、わたくしを死から救《すく》った方にあまりにも似《に》ておられるゆえ、間近でよくお顔を見せておくれ！」

立った聖《せい》ジョージがていねいに一礼し、穏《おだ》やかに声をかけました。「汚《けが》れひとつない姫《ひめ》よ！　ごらんあれ！　その騎士《きし》こそわたくしです。これをくださったあなたに、落ち度などありません」

と、婚約《こんやく》のしるしにもらったあのダイヤの指輪《ゆびわ》を指にそっとはめてやりましたが、姫《ひめ》は指輪《ゆびわ》に目もくれず、思いのたけをこめて騎士《きし》だけを見つめました。

やがて姫《ひめ》は、アルミドールと共謀《きょうぼう》した父王の非道《ひどう》を聞かされて怒《いか》りの声を上げました。「こんなところで立ち話などしている場合ではありません。もう、こんなひどい場所にはいたくない。アルミドールが狩《か》りから戻《もど》る前に、ふたりで逃《に》げましょう」

と、連《つ》れていかれた武器庫《ぶきこ》で頼《たよ》れる愛剣《あいけん》アスカロンを探《さが》し当《あ》て、厩《うまや》には名馬ベイヤードが、ぜいたくな馬具をつけていつでも出られるように支度《したく》されていました。

勇敢《ゆうかん》な騎士《きし》がまたがると、姫《ひめ》も恋人《こいびと》の足に片足《かたあし》をかけて小鳥のようにひらりと後ろにおさまり、誇《ほこ》らしげな愛馬《あいば》に軽く拍車《はくしゃ》をくれれば、弓の弦《つる》から放たれた矢のようにふたりを乗せて都を駆《か》け抜《ぬ》け、野越《こ》え、林や森を抜《ぬ》け、いくつもの川や山々を過《す》ぎ、いくつもの谷を抜《ぬ》け、やがてギリシアの地につきました。

いざ来てみれば、ギリシア王の婚礼《こんれい》で国を挙《あ》げてお祝《いわ》いのまっさいちゅうです。いろんな余興《よきよう》にまじって大きな騎馬試合《きばじあい》があり、世界じゅうに声をかけて出場者を集めています。戦友《せんゆう》たちももれなく参加《さんか》し、はからずも聖《せい》ジョージの到着《とうちゃく》で七人がそろいました。自分が救《すく》った美女を連《つ》れてきた騎士《きし》もおり、フランスの聖《せい》ドニは麗《うるわ》しのエグランティーヌを、スペインの聖《せい》ヤコブはしとやかなセレスティーナを、イタリアの聖《せい》アントニオは気高いロザリンダを連《つ》れてきました。魔法《まほう》で七年も眠《ねむ》ってしまったウェールズの聖《せい》ダフィッドは、冒険《ぼうけん》の旅に出たくてうずうずしています。いつも義理堅《ぎりがた》くて思いやりのあるアイルランドの聖《せい》パトリックは、スコットランドの聖《せい》アンドリューに救《すく》われたお礼をいいたがっていた六人姉妹の白鳥姫《ひめ》を全員連《つ》れてきていました。かんじんの聖《せい》アンドリューは、きっぱりと世を捨《す》てて信仰《しんこう》ひとすじに戦《たたか》う道を選《えら》んでしまったのですが。

勇士同士《ゆうしどうし》、美姫同士《びきどうし》で話がはずみ、七人が交替《こうたい》で一日ずつ挑戦者《ちょうせんしゃ》代表をやると決まりました。ところがお祭りのただなかに異教《いきょう》百ヵ国《こく》を代表する軍使《ぐんし》があらわれ、キリスト教徒《きょうと》を根絶《ねだ》やしにするまで戦《たたか》うぞと宣戦布告《せんせんふこく》したのです。

七人はさっそく受けて立ち、ひとまず帰国して最愛《さいあい》のご婦人方《ふじんがた》を安全な場所に預《あず》け、めいめい支度《したく》を整えて六ヵ月《げつ》後に必《かなら》ず集まり、キリスト教のために一丸となって戦《たたか》おうと全員一致《いっち》で決めたのでした。

そして、その通りになりました。大将《たいしょう》に選《えら》ばれた聖《せい》ジョージは軍《ぐん》をトリポリに進め、大声で呼《よ》ばわりました。

「われらは戦《たたか》う　キリスト教のため
たとえ死すともキリスト教のため」

聖《せい》ジョージは悪いアルミドールを一騎打《いっきう》ちで倒《たお》し、喜《よろこ》んだ民《たみ》からぜひ王になってくれと頼《たの》まれました。その願《ねが》い通りに戴冠《たいかん》すると、お次はキリスト教軍《ぐん》をエジプトに進めてプトレマイオス王と対決、とうていかなわないと悟《さと》った王は防壁《ぼうへき》から身を投げました。残《のこ》された貴族《きぞく》一同はキリスト教の勇士《ゆうし》たちの勇気《ゆうき》と礼節《れいせつ》を認《みと》め、自分たちの新しい王に、楽しき国イングランドの聖《せい》ジョージを選《えら》ぶと宣言《せんげん》したのです。

やがてキリスト教軍《ぐん》はペルシアに遠征《えんせい》して七日間の死闘《しとう》を繰《く》り広《ひろ》げ、敵《てき》二十万が討《う》たれ、逃《に》げようとした者の多くは川で溺《おぼ》れました。追《つ》い詰められたペルシア皇帝《こうてい》の身柄《みがら》は神のはからいで聖《せい》ジョージの手に落ち、副王《ふくおう》六人も他の六人の仲間《なかま》にそれぞれ捕《つか》まりました。

この者たちの助命嘆願《じょめいたんがん》は、キリスト教の道にかなう政治《せいじ》をするという条件《じょうけん》つきで、最高《さいこう》の慈悲《じひ》と名誉《めいよ》をもって聞き届《とど》けられました。ところが根っから腐《くさ》ったペルシア皇帝《こうてい》は恩《おん》を仇《あだ》で返そうとはかり、オズモンドという黒魔術師《くろまじゅつし》を使って勇士《ゆうし》六人をそそのかし、自堕落《じだらく》な生活にふけるように惑《まど》わしました。それでも聖《せい》ジョージは絶《ぜっ》対《たい》に惑《まど》わされず、兄弟同然《どうぜん》の戦友《せんゆう》たちに妖術《ようじゅつ》をかけるという提案《ていあん》も断固《だんこ》はねつけて六人の目を覚《さ》まさせたおかげで、みんな油断《ゆだん》せずによろいをつけて抜《ぬ》き身《み》の愛剣《あいけん》を持ち歩くようになり、悪い皇帝《こうてい》や副王《ふくおう》たちは聖《せい》ジョージが七年も苦しんだあの土牢《つちろう》に放りこまれました。

そんなわけで聖《せい》ジョージはペルシア統治《とうち》に乗り出し、他の六人を副王《ふくおう》にして領土《りょうど》を分担《ぶんたん》させせました。

やがて、みごとに刺繍《ししゅう》した緑の衣《ころも》に、白い毛皮の縁《ふち》どりと純金飾《じゅんきんかざ》りをあしらった真紅《しんく》のマントをはおり、象《ぞう》をかたどった脚《あし》に支えられた極上《ごくじょう》アラバスターの玉座《ぎょくざ》につきました。民《たみ》の歓呼《かんこ》を浴《あ》びながら伝令使《でんれい》が宣言《せんげん》します。「楽しき国イングランドの聖《せい》ジョージ、ばんざい。モロッコ王、エジプト王およびペルシア皇帝《こうてい》を兼《か》ねるお方、ばんざい」

それからは正しい法律《ほうりつ》で異教徒《いきょうと》に信頼《しんらい》され、大いに感化されてキリスト教に改宗《かいしゅう》する者があとを絶《た》ちません。折《おり》を見て戦友《せんゆう》たちにあとを任《まか》せた聖《せい》ジョージは、父祖《ふそ》の地コヴェントリーに戻《もど》ってきてエジプトのサビア姫《ひめ》と末永《すえなが》く暮《く》らし、立派《りっぱ》な息子《むすこ》三人に恵《めぐ》まれました。キリスト教の七ヵ国《こく》きっての勇士《ゆうし》だった、楽しき国イングランドの聖《せい》ジョージのお話はこれでおしまい。

影《かげ》も形もない王子

むかしむかし、あるところに王さまと王妃《おうひ》さまがいて、世の初《はじ》めからおおぜいいた王さまや王妃《おうひ》さまと大して変《か》わりはありませんでした。ただ子どもができなくて、おふたりとも悲しくてならなかったのです。さて、王さまはよんどころない事情《じじょう》で遠い国へ遠征《えんせい》に行き、長く国をあけることになりました。さあ、それでどうなったか！　留守《るす》中の王妃《おうひ》にとうとう待望《たいぼう》の男の子が産《う》まれましてね。ご自分もそりゃあうれしいけど、王さまが戻《もど》ってこられたら長年の悲願《ひがん》かなってどんなにか、と胸躍《むねおど》らせたのはわかりますよね。民《たみ》もこぞって大喜《おおよろこ》び、小さな王子さまの命名式を盛大《せいだい》にしようとさっそく準備《じゅんび》にかかります。だけど、そこで王妃《おうひ》さまの待ったがかかりました。「いけません！　父王が名前をくださるまで、この子は名無《なな》しでいさせます。それまでは「影《かげ》も！　形も！　ない！」と呼《よ》びましょう。王さまはこの子がいることとさえご存《ぞん》じないのだから！」

そんなわけで、影《かげ》も形もない王子はその名で呼《よ》ばれながらすくすく育ち、すこやかな少年になりました。父王のお留守《るす》はずいぶん長びいていてね、ご自分に息子《むすこ》がいることさえ、ずっとご存《ぞん》じなかったんですよ。

それでもようやくご帰国の時が来て、途中《とちゅう》で荒《あ》れ狂《くる》う大河《たいが》に行く手をはばまれました。ちょうど水かさが増《ま》す季節《きせつ》でね、河面《かわも》のほうぼうに危険《きけん》な渦《うず》ができて、王さまはおろか軍隊《ぐんたい》も渡《わた》るに渡《わた》れなかったのです。そんな渦《うず》には水の精《せい》や溺死者《できししゃ》がひそみ、人を引きずりこんで溺《おぼ》れさせてやろうと待《ま》ち構《かま》えているんですよ。

そんなふうに足止めを食らうさなかに、ばかでかい巨人《きょじん》があらわれ、自分なら渦《うず》もなにもひとまたぎだぞというと、親切にこう申し出ました。「なんなら、みんなまとめて渡《わた》してやろうか」さて、巨人《きょじん》はとても愛想《あいそ》がよかったんですが、そこはそれ、王さまですからね。巨人《きょじん》どものやり口ならば百も承知《しょうち》、あわてて飛《と》びつく前に、ここは、ひとつ思案《しあん》のしどころだぞ、というわけで言葉少なに水を向けました。「目当てはなんだ?」

「目当てだと?」巨人《きょじん》がそう繰《く》り返してにやにやします。「ひとをなんだと思ってるんだね? 影《かげ》も形もないをくれ。そしたら喜《よろこ》んで引き受けてやるよ」でね、ここまで太っ腹《ぱら》に出られると、王さまのほうがいささか後ろめたくなってしまいます。「いいとも、いいとも。影《かげ》も形もないはやるぞ、ありがたく申し出を受けよう」

そこで巨人《きよじん》は王さまと全軍《ぜんぐん》をかつぎあげ、渦巻《うずま》く暴《あば》れ河《がわ》をまたぎ越《こ》えて先を急がせました。王さまが愛《あい》する王妃《おうひ》との再会《さいかい》を喜《よろこ》んだのなら、年の割《わり》に大きくすこやかな少年に育ったわが子と対面して、どんなに有頂天《うちょうてん》だったかはわかりますよね。

「それでお若《わか》い王子くんは、名を何というのかね？」わが子を力いっぱい抱《だ》きしめながら、王さまは尋《たず》ねました。

「影《かげ》も形もない、です」それが息子《むすこ》の答えでした。「父上に名をいただくまでの呼《よ》び名です」

ああもう、王さまはそう聞いて恐《おそ》れをなし、わが子を落っことしそうになりました。「わたしは何ということをしたのだ？」と声を上げます。「水の精《せい》や溺死者《できししゃ》のひそむ渦《うず》だらけの河《かわ》を、全軍《ぜんぐん》まとめて安全に渡《わた》してくれた巨人《きよじん》に約束《やくそく》してしまったぞ、影《かげ》も形もないをやると」

王妃《おうひ》さまは泣《な》きだしました。けれども頭のいいお方なので、さっそくわが子を救《すく》う策《さく》を思いつきました。王さまにいうには、「もしもその巨人《きよじん》があらわれて、約束《やくそく》のものをよこせといってきたら、にわとり係の末《すえ》っ子をくれてやりましょう。あの女はあんなに子だくさんですもの、金貨《きんか》一枚《いちまい》やれば承知《しょうち》するでしょうよ。違《ちが》う子どもだなんて、巨人《きょじん》には見分けがつきませんわ」。

翌朝《よくあさ》すぐにあの巨人《きょじん》があらわれ、影《かげ》も形もないをよこせとはっきり要求《ようきゅう》すると、王さまと王妃《おうひ》さまはにわとり係の末《すえ》っ子に王子さまの豪華《ごうか》な服を着せ、子どもを背《せ》負《お》った巨人《きょじん》がほくほくと引きあげる姿《すがた》を泣《な》いて見送りました。でも、しばらくして巨人《きょじん》は途中《とちゅう》の大きな岩に腰《こし》かけ、肩《かた》のお荷物をおろしてやってひと眠《ねむ》りしました。それから目を覚《さ》まし、不思議《ふしぎ》そうに声をかけます。

「ほーいほい、肩《かた》に乗っかる小わっぱどん！　いつもはこの時分に何してござる？」

すると、にわとり係の末《すえ》っ子はこう答えました。

「この時分なら、にわとり係のおっかさんがおもてで卵《たまご》を集めてる。それで賢《かしこ》い王《おう》妃《ひ》さまが朝ごはんに召《め》し上がるケーキを焼《や》くのさ！」

すぐさま騙《だま》されたと悟《さと》った巨人《きょじん》はにわとり係の末《すえ》っ子を振《ふ》り落とし、頭を大岩にぶつけて死なせてしまいました。

あとは怒《おこ》ってのしのしと宮殿《きゅうでん》へ戻《もど》り、「影《かげ》も形もない」をよこせと要求《ようきゅう》します。それで今度は庭師《にわし》の息子《むすこ》が王子の服を着せられ、泣《な》きの涙《なみだ》の王さまと王妃《おうひ》さまに見送られて意気揚々《いきようよう》と持ち去られる戦利品《せんりひん》になりました。あとの流れは同じです。背《せ》負《お》い疲《つか》れた巨人《きょじん》があの大岩に腰《こし》かけて一服し、ひとしきり、うたた寝《ね》したあとで声をかけます。

「ほーいほい、肩《かた》に乗っかる小わっぱどん！　いつもはこの時分に何してござる？」

するど庭師《にわし》の息子《むすこ》は答えました。

「この時分なら庭師《にわし》のおとっつあんが菜園《さいえん》の青物を摘《つ》んでくるよ。賢《かしこ》い王妃《おうひ》さまのお夕食の材料《ざいりょう》にするのさ！」

そう聞いた巨人《きょじん》はまたしても騙《だま》されたと怒《いか》り狂《くる》いました。あとは力まかせに少年を振《ふ》り落《お》として死なせ、のしのしと王宮へ戻《もど》って憤怒《ふんぬ》の雄叫《おたけ》びを上げます。「約束《やくそく》通りのものをよこせ、影《かげ》も形もないを。さもなきゃ、おまえら全員根絶《ねだ》やしにするぞ」

こうなると王さまと王妃《おうひ》さまも観念《かんねん》するしかなくなり、今度ばかりは本気でさめざめと泣《な》きながら巨人《きょじん》におぶわれていく姿《すがた》を見送りました。あの大岩で一服し、うたた寝から目覚《めざ》めた巨人《きょじん》が呼《よ》びかけます。

「ほーいほい、肩《かた》に乗っかる小わっぱどん！　いつもはこの時分に何してござる？」

すると、小さな王子さまは答えました。

「この時分なら、父王が命じておられるよ。「宴《うたげ》の間に夕食を出せ」」

聞いた巨人《きょじん》はほくほくと揉《も》み手《で》しました。「ようやく正しいやつが手に入った」

そうして影《かげ》も形もない王子を連《つ》れて、河《かわ》の渦《うず》の底《そこ》にあるねぐらに戻《もど》りました。その巨人《きょじん》は本物の大魔法使《まほうつか》いでね、お望《のぞ》み次第《しだい》になんでも化けられたんですよ。妻《つま》を亡《な》くし、ひとり娘《むすめ》はまだ小さくて遊び相手がどうしてもいるからという理由だけで、幼《おさな》い王子をあれほどしつこく欲《ほ》しがったわけです。影《かげ》も形もない王子と魔法使《まほうつか》いの娘《むすめ》は一緒《いっしょ》に大きくなり、年ごとにどんどん互《たが》いを好《す》きになり、やがては将来《しょうらい》を誓《ちか》い合う仲《なか》になりました。さて、魔法使《まほうつか》いとしては魔法《まほう》もできず、自分がこれまでさんざん食らってきた人間どもと同類《どうるい》の王子に娘《むすめ》をくれてやる気はこれっぽっちもありません。それで、どうにか角《かど》を立てずに消してやろうとあれこれ悪だくみを巡《めぐ》らしました。ある日のこと、こういいます。「おまえに仕事をやろう、影《かげ》も形もない！奥行《おくゆ》き七マイル、幅《はば》七マイルで七年も掃除《そうじ》してない厩《うまや》がある。明日の夕方までに全部きれいにしておけ、さもないと夕飯《ゆうはん》におまえを食ってやる」

そこで影《かげ》も形もない王子は、夜明けのだいぶ前から起きて仕事にかかりました。だけど、いくら必死《ひっし》に馬糞《ばふん》を掃《は》き出《だ》そうとしても、またすぐ元通りになってしまいます。だから朝食ごろには全身汗《あせ》だくです。それでも一向に終わりは見えません。ちょうどそこへ朝食を運んできた魔法使《まほうつか》いの娘《むすめ》が、くたびれきってもう口もきけない王子を見つけました。

「あたしたちで、さっさときれいにしちゃいましょ」そういうや、ぽんぽんと手を打って、こともなげに唱《とな》えました。

「ありとあらゆる鳥とけだものよ
愛《いと》しい人のために、この厩《うまや》を掃除《そうじ》して」

するとどうでしょう！ あっという間に野山のけだものがわらわらと集まり、空が暗くなるほど鳥たちが群《むら》がり寄《よ》ってきてめいめい馬糞《ばふん》を持ち去り、夕方までに厩《うまや》をまっさらのピカピカにしてくれました。

それを見た魔法使《まほうつか》いは怒《おこ》るまいことか、そんな奇跡《きせき》を起こしたのはおおかた娘《むすめ》の魔《ま》法《ほう》だろうと察《さっ》しがつきますからね。「ひとの力を当てにするなど、恥《はじ》を知れ。だが、明日はもっときつい仕事をあてがうぞ。あっちに長さ七マイル、幅《はば》七マイル、深さ七マイルの湖がある。日暮《ひぐ》れまでにすっかり水抜《みずぬ》きしておけ、一滴《てき》も残《のこ》すなよ。さもないと確実《かくじつ》に夕飯《ゆうはん》にされるぞ」

それで、影《かげ》も形もない王子はまたしても夜明け前に起き出してとりかかりました。だけど手桶《ておけ》で水をかい出しても、あっという間に湖へ逆戻《ぎゃくもど》りしてしまいます。いくら汗《あせ》をかいても、朝食までに見通しさえ立ちません。

だが、そこへ朝食を運んできた魔法使《まほうつか》いの娘《むすめ》はただ笑《わら》っていいました。「あたしがさっさとやっちゃうわね！」そして手を叩《たた》いてこう唱《とな》えました。

「おお！　川と海の魚たちすべてよ
愛《いと》しい人のために、この湖を飲《の》み干《ほ》して！」

するとどうでしょう！　湖に魚があふれ、いっせいに水を飲み始めて、一滴残《てきのこ》さず飲み干《ほ》してくれました。

さあ、あくる朝に戻《もど》ってきた魔《ま》法使《ほうつか》いがこれを見て怒《おこ》るまいことか。しかも娘《むすめ》の魔《ま》法《ほう》なのはわかりきっています。「またしてもズルして手伝《てつだ》ってもらいおって、二重に恥《はじ》を知れ！　だが、そうしないほうが身のためだったな。今度は前よりはるかにきつい仕事をやらせてやる。万が一にもやりとげれば、娘《むすめ》をくれてやってもいい。いいか、あっちに一本立ちの木があるだろう。高さ七マイル、てっぺんまで枝《えだ》は一本もなく、三つ股《また》の梢《こずえ》に巣《す》がかかり、卵《たまご》がいくつか入っている。あの卵《たまご》をひとつも割《わ》らずに持ってこい。できなければ、絶対《ぜったい》におまえを夕飯《ゆうはん》にしてやるぞ」

それを聞いた魔《ま》法使《ほうつか》いの娘《むすめ》は嘆《なげ》き悲《かな》しみました。自分の魔力《まりょく》を総動員《そうどういん》しても、恋《こい》人《びと》にひとつも割《わ》らずに卵《たまご》を取らせてやる方法《ほうほう》を思いつけなかったからです。影《かげ》も形もない王子と一緒《いっしょ》にその木の下でさんざん考えた末《すえ》に、ひょっこりとあることを思いつき、手を打ってこう唱《とな》えました。

「あたしの手の指よ、愛《いと》しい人のために
心から好《す》きな人を支《ささ》えて、あの木に登らせてあげて」

すると手の指がぽたぽた抜《ぬ》けて、はしご段《だん》のように木を取り巻《ま》きました。それでもてっぺんに届《とど》かなかったので、また唱《とな》えます。

「ああ！　あたしの足の指よ、愛《いと》しい人のために
心から好《す》きな人を支《ささ》えて、あの木を登らせてあげて」

すると、足の指が一本ずつ抜《ぬ》け落ちてはしご段《だん》の続《つづ》きを作り、片足《かたあし》の指でてっぺんに達《たっ》しました。それで影《かげ》も形もない王子は手足の指をよじ登り、巣《す》にたどりついて七個《こ》の卵《たまご》を回収《かいしゅう》しました。そうして降《お》りていって地面まであと一段《だん》という時、首《しゅ》尾《び》よく任務《にんむ》を果《は》たして喜《よろこ》びのあまり、魔《ま》法使《ほうつか》いの娘《むすめ》もやっぱり大喜《おおよろこ》びかなと振《ふ》り向《む》いたはずみに、なんと！　七個《こ》めの卵《たまご》がつるりと手から落ちて、地面で、

「ぐしゃり！」

「早く！　急いで！」魔《ま》法使《ほうつか》いの娘《むすめ》がこれまで通りに知恵《ちえ》を働《はたら》かせて叫《さけ》びました。

「すぐ逃《に》げないと、取り返しがつかないわ。でも、先にあたしの魔《ま》法《ほう》の水筒《すいとう》を取ってこなくちゃ、さもないと逃《に》げ切《き》れないから。あたしの部屋に置《お》いてあって、ドアに鍵《かぎ》がかかってる。あたしのポケットに手を突《つ》っこんでよ、今は指がないんだから。それ

で部屋の鍵《かぎ》を出して、そのドアを開けて水筒《すいとう》を取ったら大急ぎであとから追いついてね。片足《かたあし》に指が一本もないから、あなたより遅《おそ》いんだもの！」

それで、影《かげ》も形もない王子はいわれた通りにして、じきに魔法使《まほうつか》いの娘《むすめ》に追いつきました。だけど、ああ！　なにぶん速くは走れなくて、大股《おおまた》に走れる巨人《きょじん》の姿《すがた》に戻《もど》った魔法使《まほうつか》いにすぐ追いつかれそうになり、ふたりの背後《はいご》にどんどん迫《せま》ってきます。またたく間に追いついて王子をひっつかんでやろうとした矢先、魔法使《まほうつか》いの娘《むすめ》がいいました。「あなたの指をあたしの髪《かみ》に突《つ》っこんで、あたしは指がないんだから。髪《かみ》にさした櫛《くし》を取って、後ろに投げつけて」いわれた通りにすると、これは！　櫛《くし》の歯という歯がとげとげのイバラになってはびこり、魔法使《まほうつか》いをイバラの垣根《かきね》のただなかに囲《かこ》いこんだのです！　怒《いか》り狂《くる》った魔法使《まほうつか》いがようやく抜《ぬ》けだすまでにどれだけひっかかれたかはお察《さつ》しですよ。そうして影《かげ》も形もない王子と娘《むすめ》はいくらか時間稼《かせ》ぎできたのですが、なにぶん娘《むすめ》は片足《かたあし》の指がなくて、そんなに走れませんからね！　巨人《きょじん》に化けた魔法使《まほうつか》いにたちまち追いすがられ、あと一息で影《かげ》も形もない王子が捕《つか》まるという時に娘《むすめ》は叫《さけ》びました。「あたしは指がないんだから、あたしの胸元《むなもと》に手を突《つ》っこんで、ヴェール留《ど》めの小刀を抜《ぬ》いて後ろへ放ってよ」

いわれた通りにすると、ヴェール留《ど》めはあっという間に密集《みっしゅう》した何千何万もの鋭《するど》い刃《は》となって地面に生え、魔法使《まほうつか》いの巨人《きょじん》はその真ん中で足の踏《ふ》み場をなくして大声で痛《いた》がりました。どれだけきりきり舞《ま》いさせられ、まるで卵《たまご》の上を歩くみたいな足どりでおっかなびっくり歩きながら、抜《ぬ》けだすまでにどれほど長くかかったかはお察《さつ》しですよ！

その間に影《かげ》も形もない王子と恋人《こいびと》は逃《に》げのびて、巨人《きょじん》がまた走り出すまでにほとんど視界《しかい》から消えかけました。だけどねえ、娘《むすめ》はなにぶんの足ですからね、あんまり走れずにじき追いつかれそうになりました！　娘《むすめ》だって必死《ひっし》に走ったんですが、だめなものはだめだったんですよ。

そうしてまたもや巨人《きょじん》が手を伸《の》ばして、影《かげ》も形もない王子を捕《と》らえる寸前《すんぜん》に、娘《むすめ》は息せききって叫《さけ》びました。「もうあの魔法《まほう》の水筒《すいとう》しか残《のこ》ってないわ。栓《せん》を抜《ぬ》いて、中身をいくらか地面にまいて」

影《かげ》も形もない王子は、いわれた通りにしました。ただし、あわてふためいて中身のあらかたをぶちまけてしまいました。すると、たちどころに巨大《きょだい》な波が鎌首《かまくび》をもたげ、両足をすくわれそうになりましたよ。もしも、魔法使《まほうつか》いの娘《むすめ》がヴェールでしっかり捕《つか》まえてくれなかったら危《あぶ》ないところでしたね。それでも大波はどんどんふたりの背後《はいご》で大きくなって巨人《きょじん》の胴《どう》をひたし、さらにさらにふくれ上がって肩《かた》に達《たっ》し、まだまだ大きくなってやがて頭上におおいかぶさりました。海水の巨大《きょだい》な波の中には、小魚や蟹《かに》や巻貝《まきがい》や、ありとあらゆる摩訶不思議《まかふしぎ》な生き物がうじゃうじゃ入っていましたよ。

それが魔法使《まほうつか》いの巨人《きょじん》の最期《さいご》でした。だけどかわいそうに、魔法使《まほうつか》いの娘《むすめ》はもう精根《せいこん》尽きてしばらく歩けなくなり、恋人《こいびと》にいいました。「あっちに灯《ひ》が見えるわ。あなた、行って今夜の宿が見つかるかどうか確《たし》かめてきて。あたしは溺《おぼ》れないように、この水辺《みずべ》の木に上がって待ってる。あなたが戻《もど》ってくるまで、ここでしばらく休ませてよ」

それでね、たまたまその灯《ひ》というのは、影《かげ》も形もない王子の父母である国王夫妻《ふさい》の居城《きょじょう》だったんです（ただし、もちろん王子はまったく知りません）。だからその城《しろ》へ向かう途中《とちゅう》でたまたまお城《しろ》のにわとり係の家に立ち寄《よ》り、泊《と》めてくれないかと頼《たの》んでみました。

「あんた、誰《だれ》さ？」にわとり係が怪《あや》しみます。

「『影《かげ》も形もない』といいます」若者《わかもの》は答えました。

死んだ息子《むすこ》をいまだにあきらめきれなかったにわとり係は、すぐその場で仕返しを決意しました。

「泊《と》めてはあげられないよ」といいます。「でも、ミルク一杯《いっぱい》ぐらい飲んでいきな、ずいぶん疲《つか》れているようだし。あとはあっちのお城《しろ》へ行って、泊《と》めてくれと頼《たの》んだらいい」

そういうと、王子にミルクを飲ませました。だけどこの女は魔女《まじょ》でね、まじない薬を混《ま》ぜたのです。王子が父母を目にしたとたんに眠《ねむ》りこみ、どうやっても起こせないようにってね。おかげで王子は恋人を助けるどころか、父母の見分けもつかないありさまでした。

さて、国王夫妻《ふさい》はなくした息子《むすこ》を悲しまない日はなく、当てのない若者《わかもの》にはいつもたいそう優《やさ》しくしてやり、宿を借《か》りたい者が来れば自ら広間に出迎《でむか》えていました。そしたらどうでしょう、影《かげ》も形もない王子は父母の姿《すがた》を目にしたとたんに倒《たお》れこみ、誰《だれ》にも起こせなくなってしまったのです！　父母の見分けはつかないし、国王と王妃《おうひ》のほうでも息子《むすこ》だとはわかりません。

だけど影《かげ》も形もない王子はたいへんな美青年になっていたので、国王夫妻《ふさい》は気の毒《どく》がり、いくら頑張《がんば》っても誰《だれ》にも起こせないとわかるとこうおっしゃいました。「この若者《わかもの》を叩《たた》き起《お》こすのは女中の手に余《あま》るだろうし、これだけの美貌《びぼう》だ。国じゅうの娘《むすめ》にお触《ふ》れを出して、この若者《わかもの》を起こせたら誰《だれ》であれ嫁《よめ》にしてやり、ほうびに立派《りっぱ》な持参金《じさんきん》をつけてやろう」

お触《ふ》れが出ると、国中のきれいな乙女《おとめ》らがこぞって運試《うんだめ》しに来ましたが、誰《だれ》も成功しませんでした。

さて、息子《むすこ》を巨人《きょじん》に殺《ころ》された庭師《にわし》にはひどく醜《みにく》い娘《むすめ》がいました――あんまり醜《みにく》いので運試《うんだめ》しする気も起きず、いつも通りに仕事していたのです。それで水汲《みずく》み用の水さしを持って、魔法使《まほうつか》いの娘《むすめ》が木の上に隠《かく》れて恋人《こいびと》の帰りを待つあの水辺《みずべ》へ行きました。そして水を汲《く》もうと池へかがみこんだら、水面《みなも》にきれいな顔が映《うつ》ったのでね、てっきり自分だと思いこんだんですよ！

「あたし、こんなにきれいなんだ」と、大声を上げます。「なら、もう水汲《みずく》みなんかやらない！」

と、水さしを放り出し、見知らぬ美青年を起こして豪勢《ごうせい》なごほうびをいただけるかどうか、さっそくお城《しろ》へ行ってみました。だけど、もちろんだめです。それでもすっかり一目惚《ひとめぼ》れしてね、あのにわとり係が魔女《まじょ》だと知っていたもので、すぐその足で訪《たず》ねていくと、これまでの貯金《ちょきん》全部とひきかえに若者《わかもの》の眠《ねむ》りを覚《さ》ます呪文《じゅもん》を買ったんですよ。

でね、娘《むすめ》の話を聞いた魔女《まじょ》のほうでは、長らく行方不明《ゆくえふめい》の王子を庭師《にわし》んとこのブス娘《むすめ》と結婚《けっこん》させればまたとない復讐《ふくしゅう》になると思いつき、すんなり貯金《ちょきん》を受け取ると、いったん魔法《まほう》を解《と》いて、また好《す》きなようにかけ直せる呪文《じゅもん》を教えてやりました。

庭師《にわし》の娘《むすめ》がさっそくお城《しろ》で呪文《じゅもん》を唱《とな》えると、影《かげ》も形もないはすぐ目を覚《さ》ましました。

「あんたのお嫁《よめ》さんになるのはあたしよ、すてきな人」娘《むすめ》は熱心《ねっしん》にいい寄《よ》りましたが、眠《ねむ》っていたほうがましだといわれてしまい、ならば結婚式《けっこんしき》までひとまず眠《ねむ》らせておき、その間にきれいに着飾《きかざ》って出直したほうが利口《りこう》だと思い直して、また呪文《じゅもん》をかけました。

娘《むすめ》がさっぱり働《はたら》かないので、水汲《みずく》みのお鉢《はち》はもちろん父親の庭師《にわし》に回ってきました。おやじが水さしを持って水辺《みずべ》に行くと、やっぱり水鏡《みずかがみ》に魔法使《まほうつか》いの娘《むすめ》が映《うつ》りましたよ。だけど、自分の顔だなんて思いもしません。だって、庭師《にわし》の顔はひげもじゃなんですもの！　それで見上げれば、木の上にお姫《ひめ》さまがいたというわけです。

魔法使《まほうつか》いの娘《むすめ》はかわいそうに、悲しいしおなかはすくし疲《つか》れたしで半死半生のありさまでね、優《やさ》しい庭師《にわし》は家に連《つ》れて帰って食事をさせながら話して聞かせました。まさにその日、うちの娘《むすめ》がお城《しろ》で見知らぬ美青年と婚礼《こんれい》を挙《あ》げることになり、ほんのお小さい時分に巨人《きょじん》に連《つ》れ去《さ》られた王子をしのんだ王さまとお妃《きさき》さまに、たいそうな持参金《じさんきん》をつけていただけるんですよと。

魔法使《まほうつか》いの娘《むすめ》はその話を聞いて、恋人《こいびと》の身の上に異変《いへん》が起きたと勘《かん》づきました。

それでお城《しろ》へ行ってみれば、愛《いと》しい人は広間の椅子《いす》で眠《ねむ》りこんでいます。

だけど、やっぱり起こせません。だってね、王子が前に水筒《すいとう》をぶちまけたせいで、中に入れておいた魔力《まりょく》をほとんどなくしてしまったんですよ。

だから、指のない両手を恋人《こいびと》の体にかけて涙《なみだ》ながらに歌いました。

「ああ、愛《いと》しいあなたのために厩《うまや》を掃除《そうじ》してあげたのに
湖の水を抜《ぬ》き、木に登らせてあげたのに
愛《あい》する私のために、目を覚《さ》ましてはくれないの？」

王子はぴくりとも動きません。

さて、そうして泣《な》く場に居合《いあ》わせた年寄《としよ》りの召使《めしつか》いたちは、気の毒《どく》がって教えました。「じきにあの女が戻《もど》ってきて、結婚式《けっこんしき》のために魔法《まほう》を解《と》くはずだよ。だから、そのへんに隠《かく》れていれば呪文《じゅもん》が聞こえるよ」

それでいわれた通りに隠《かく》れていると、まもなく庭師《にわし》の娘《むすめ》が立派《りっぱ》な花嫁衣装《はなよめいしょう》で戻《もど》っ

てきて、あの呪文《じゅもん》を唱《とな》え始めました。だけど、魔法使《まほうつか》いの娘《むすめ》は呪文《じゅもん》が終わるまで待ちきれません。恋人《こいびと》が目を開けるが早いか隠《かく》れ場所《ばしょ》から走り出て、指のない両手を彼《かれ》の手に重ねました。

すると、影《かげ》も形もない王子はすべて思い出しました。お城《しろ》のことも、父母のことも、これまでずっと尽《つ》くしてくれた魔法使《まほうつか》いの娘《むすめ》のことも、なにもかも。

そこで、あの魔法《まほう》の水筒《すいとう》を取り出しました。「きみの両手を治《なお》すだけの魔法《まほう》は絶対《ぜったい》あるはずだよ」その通りでした。残《のこ》りはちょうど十四滴《てき》あり、十滴《てき》で手の指が、四滴《てき》で足の指が戻《もど》りました。ただし一滴《てき》足りなくて、片足《かたあし》の小指だけはとうとう戻《もど》らずじまいでしたが。もちろんその後はめでたしめでたし、影《かげ》も形もない王子と魔法使《まほうつか》いの娘《むすめ》は結婚《けっこん》していつまでも幸せに暮《く》らしました。たとえ片足《かたあし》の指が四本だけだろうと、幸せいっぱいでしたよ。にわとり係の魔女《まじょ》は火あぶりになり、庭師《にわし》の娘《むすめ》は貯金《ちょきん》を取り戻《もど》しました。嬉《うれ》しくもなんともなかったんですけどね、だって、水《みず》鏡《かがみ》に映《うつ》るのはみっともない元の顔だったんですから。

モリー・ウピーと二面の巨人《きよじん》

むかし、あまりお金がない夫婦《ふうふ》がおりました。なにしろ子だくさんで、肉も満足《まんぞく》に食べさせてやれません。しかも下から三人めまでは女の子なので、ある日のこと、女の子たちだけ、口減《くちべ》らしに森へ連《つ》れていかれ、あとはせいぜい自分でやっていきなと置《お》き去《ざ》りにされてしまいました。

さてさて、上の娘《むすめ》ふたりは平凡《へいぼん》な子たちで、ちょっとめそめそして怖《こわ》がりましたが、末《すえ》っ子のモリー・ウピーだけは肝《きも》が据《す》わっていて、姉さんたちにこういってやりました。ここであきらめちゃだめ、どこか泊《と》めてくれそうな家を探《さが》してみようよ。それで森を抜《ぬ》けていきましたが、行けども行けどもさらに行けども、家なんかちっとも見当たりません。そうこうしているうちに暗くなってくるし、姉さんたちはおなかが減《へ》って倒《たお》れそうになり、モリー・ウピーさえ夕飯《ゆうはん》のことに気を取られがちになりました。ようやく、はるか先に大きなあかりが見えたので、そちらに近づきます。いざ近寄《ちかよ》ってみれば、それは大きな家の大きな窓《まど》でした。

「きっと巨人《きょじん》の家よ」姉たちはがたがた震《ふる》えだします。

「たとえ巨人《きょじん》がふたりいようと、あたしは夕飯《ゆうはん》をもらいに行くもんね」モリー・ウピーはそういうと、大きな玄関《げんかん》ドアを大胆不敵《だいたんふてき》にノックしました。出てきたのは巨人《きょじん》のかみさんで、モリーが食事と一晩《ひとばん》の宿を頼《たの》むと、かぶりを振《ふ》ってみせました。

「そうしたところで、いいことは何もないよ。だって、うちの人は巨人《きょじん》だからね。戻《もど》りしだいあんたらを殺《ころ》すに決まってる」

「でも、今すぐお夕飯《ゆうはん》を出していただければ」モリーが言葉巧《たく》みに頼《たの》みこむ。「巨人《きょじん》さんが戻《もど》ってくるまでに食べ終えますから。今、ほんとにおなかが減《へ》ってしょうがないんです」

巨人《きょじん》のかみさんにも情《じょう》はありますし、三人の娘《むすめ》たちはモリーたちとちょうど同じ年ごろで、大喜《おおよろこ》びで母のスカートを引っぱって、泊《と》めてやってよとせがみます。かみさんは折《お》れて、三人を入れてやって火に当たらせ、めいめいにパンがゆのお椀《わん》をあてがいました。だけど、がつがつ食べ始めるが早いかドアがばたんと開いて、恐《おそ》ろしい巨人《きょじん》がのしのしと入ってきました。

「ふーんふん、ふーむふむ
臭《にお》うぞ臭《にお》う、人間の肉の臭《にお》いだぞ」

「そんなにうろうろしないで、あんた」巨人《きよじん》のかみさんはなるべく平静《へいせい》をよそおい、「自分で確《たし》かめてよ。うちの子たちと変《か》わらない、小さい女の子が三人だけなんだから。腹《はら》をすかして凍《こご》えてたから夕飯《ゆうはん》をやったんだけど、三人とも、ごはんがすんだらさっさと出てくって約束《やくそく》したの。だからあんたも巨人《きよじん》らしくどっしり構《かま》えて、手出しはよしてよね。うちのお客さんになった以上《いじよう》は、めったなまねはしないでよ！」

さて、この巨人《きよじん》、裏表《うらおもて》があるやつでした。なにしろ見た目からして二面ですからね。それで口では、

「ふむ！」

ですませ、せっかく来たんなら今夜は泊《と》めてやったほうがよかろう、うちの娘《むすめ》たち三人と一緒《いつしよ》ならよく眠《ねむ》れるだろうといいます。自分も夕食を食べてからはせいぜい愛想《あいそ》よくふるまい、よその娘《むすめ》三人には麦わらで編《あ》んだ首飾《くびかざ》りをかけさせ、娘《むすめ》たちには黄金の鎖《くさり》をやりました。その上で、ぐっすりお休みと寝《ね》にいかせたのです。

ああまったく！　さすがは二面のやつだけあって、本音と建前《たてまえ》がぜんぜん違《ちが》いま

すよ！

でも、末《すえ》っ子のモリー・ウピーには度胸《どきょう》だけでなく知恵《ちえ》もありました。ですから寝《ね》にいったあとも姉たちのように眠《ねむ》りこんだりせず、横になってもあれこれ考え合わせていました。とうとう、そっと起きて自分と姉たちの首から麦わらの飾《かざ》りを外して人食い巨人《きょじん》の娘《むすめ》たちにかけてやり、かわりに黄金の鎖《くさり》を自分と姉たちの首にかけたのです。

その後もずっと目を覚《さ》ましていました。横になったまま、自分の考えた通りか見《み》届《とど》けようというわけです。大当たりでしたよ！　みなが寝《ね》静《しず》まってまっくらな真夜中になると、巨人《きょじん》が忍《しの》びこんできて、手《て》探《さぐ》りで首にかけた麦わらを探《さぐ》り当《あ》て、自分の娘《むすめ》とも知らずに首をひねって半殺《はんごろ》しにして引きずり出すと、床《ゆか》にたたきつけて息の根を止めました。そして、われながらうまい手だったと満足《まんぞく》して、こっそり自室に引《ひ》きあげたのです。

それでもモリー・ウピーのほうが、役者が一枚上《いちまいうえ》でしたね。だってすぐさま姉さんたちを起こして、黙《だま》ってついてこさせたんですから。そうして巨人《きょじん》の家を抜《ぬ》けだしてどこまでも逃《に》げるうちに、またもや大きな家がありました。こんどの家は大きな深いお堀《ほり》に取り巻《ま》かれており、跳《は》ね橋はひとつだけですが上げてありました。ですが、そのすぐ脇《わき》に髪《かみ》の毛ほどの細い綱《つな》が渡《わた》してあり、うんと身軽ならば渡《わた》れそうです。

姉たちは怖《こわ》がって渡《わた》ろうともしません。誰《だれ》がいるかわかったもんじゃないわ、別《べつ》の巨人《きょじん》のうちかもしれないじゃない、近づかないのがいちばんよというのです。

「やるだけやってみるわ」モリー・ウピーは笑《わら》うと、毛筋《けすじ》の橋をさっさと渡《わた》りだしました。そこは巨人《きょじん》の家じゃなく、王さまのお城《しろ》だったんですよ。さて、そのあたりの土地はモリーにまんまと一杯《いっぱい》食わされたあの巨人《きょじん》に荒《あ》らされ放題で、毛筋《けすじ》の橋だけ残《のこ》して跳《は》ね橋《ばし》を上げてあるのも、巨人《きょじん》を防《ふせ》ぐためでした。

ですから、モリーの話を聞いた歩哨《ほしょう》はさっそく王さまの前に連《つ》れていきました。

「陛下《へいか》！　あの巨人《きょじん》めの裏《うら》をかいた娘《むすめ》っ子《こ》がまいりました！」

王さまは一部始終を聞くと、「頭のいい子だ、モリー・ウピー、よくやった。だが、さらにうまく立ち回って、巨人《きょじん》の力の源《みなもと》がいくらか入っている愛剣《あいけん》を盗《ぬす》みだしてきてくれれば、おまえの上の姉を一の王子の妃《きさき》にしてやろう」。

へーえ！　上の姉さんには願《ねが》ってもない落ちつき先じゃないのとモリーは思い、やってみますと返事しました。

さっそくその日の夕方、ひとりで毛筋《けすじ》の橋を駆《か》け抜《ぬ》け、そのまま一気に走り通して巨人《きょじん》の家にやってきました。折《おり》からの夕焼《ゆうや》けに照《て》らされた家はなんとも見事で、スペインのお城《しろ》みたいです。住んでいるのがあんなおぞましい二面の巨人《きょじん》だなんて信《しん》じられません。それでも住んでいるには違《ちが》いないので、こっそり忍《しの》びこんで巨人《きょじん》の部屋へ上がっていき、ベッドの下に隠《かく》れました。じきに戻《もど》った巨人《きょじん》はたっぷりの夕食を平らげ、どすどすと寝《ね》に上がってきました。ですが、モリー・ウピーは完全《かんぜん》に気配を絶《た》っています。しばらくすると巨人《きょじん》は眠《ねむ》くなり、やがていびきをかきはじめました。そこでモリーはベッドから這《は》いだし、前にもましてそろりそろりとシーツを這《は》いのぼり、大いびきの顔の上をまたいで、頭上にかけた剣《けん》をつかみました。なのに、ああ！　あわててベッドから飛《と》び降《お》りたはずみに、鞘《さや》におさまった剣《けん》がガチャ、と音を立てたのです。その音で跳《は》ね起きた巨人《きょじん》はモリーを追いかけ、モリーはモリーで前代未聞《ぜんだいみもん》の速さで剣《けん》をかついで逃《に》げてゆきます。追っかけっこの末《すえ》に、あの毛筋《けすじ》の橋にたどりつきました。身軽なモリーは剣《けん》でつりあいを取りながら渡《わた》れましたが、巨人《きょじん》には無理《むり》です。足止めを食らいながら、口から泡《あわ》を吹《ふ》いてたけり狂《くる》いました。「覚《おぼ》えてろ、モリー・ウピー！　二度とこんなまねはさせんぞ！」

　ところがモリーはさっさと毛筋《けすじ》の橋を渡《わた》り切り、振《ふ》り向いて笑《わら》ってやりました。

「あのスペインのお城《しろ》にもう二回はおじゃまするわよ、老《お》いぼれさん」

モリーが剣《けん》を持っていくと、王さまは約束《やくそく》通りに一の王子と上の姉を結婚《けっこん》させました。

ところが披露宴《ひろうえん》がすむと、またぞろ王さまからこう持ちかけられました。「おまえは無類《むるい》に頭がいいな、モリー、実によくやってくれた。だが、さらにうまく立ち回って、巨人《きょじん》の力の源《みなもと》がいくらか入っている財布《さいふ》を盗《ぬす》みだしてきてくれれば、下の姉を二の王子の妃《きさき》にしてやろう。だが、くれぐれも用心するのだ、巨人《きょじん》は枕《まくら》の下にあの財布《さいふ》を入れて寝《ね》るのだからな！」

へーえ！　下の姉さんには願《ねが》ってもない落ちつき先じゃないのとモリーは思い、いちかばちかやってみますと返事しました。

さっそくその日の日没《にちぼつ》を待ちかねて毛筋《けすじ》の橋を駆《か》け渡《わた》り、あとはひた走って巨人《きょじん》の家へ。行ってみれば、くまなく赤と金に輝《かがや》く天空の城《しろ》さながらです。あんなおぞましい二面の巨人《きょじん》の住まいだなんて信《しん》じられない。それでも住んでいるには違《ちが》いないので、こっそり忍《しの》びこんで巨人《きょじん》の部屋へ上がっていき、ベッドの下に隠《かく》れました。じきに戻《もど》った巨人《きょじん》はたっぷりの夕食を平らげ、どすどすと寝《ね》に上がってきて、まもなく高いびきです。モリーはベッドから這《は》いだすと、前にもましてそろりそろりとシーツを上がり、枕《まくら》の下に手を入れて財布《さいふ》をつかみました。だけど巨人《きょじん》の頭が重くて、引いても引いても抜《ぬ》けません。ようやく抜《ぬ》き取《と》れたと思ったら、背中《せなか》からベッドサイドにひっくり返ってしまい、財布《さいふ》の口が開いて小銭《こぜに》がチャリチャリーンとこぼれました。それで巨人《きよじん》の目が覚《さ》め、落ちた小銭《こぜに》を拾うのもそこそこに、追われて逃《に》げるはめになりました。追いつ追われつ、手に汗握《あせにぎ》る追っかけっこです！　ようやく毛筋《けすじ》の橋に来て、片手《かたて》に財布《さいふ》、もう片手《かたて》に拾った小銭《こぜに》を握《にぎ》ってタタタッと渡《わた》ると、巨人《きよじん》がこぶしを振《ふ》り回してどなりました。「覚《おぼ》えてろ、モリー・ウピー！　二度とこんなまねはさせんぞ！」

ところがモリーはすばやく毛筋《けすじ》の橋を渡《わた》り切ると、振《ふ》り向いて笑《わら》ってやりました。「あのスペインのお城《しろ》にあと一回おじゃまするわよ、老《お》いぼれさん」

王さまは財布《さいふ》をもらうと、二の王子と下の姉のために盛大《せいだい》な披露宴《ひろうえん》を開いてくれました。

ところが披露宴《ひろうえん》がすむと、またぞろ王さまからこう持ちかけられました。「モリー！　おまえほどの頭の持ち主は天下にまたとおらん。だが、さらにうまく立ち回って、巨人《きよじん》の力のすべてがこもった指輪《ゆびわ》を指から抜《ぬ》き取ってきてくれれば、もっとも美しい三の王子をおまえの夫《おっと》にしてやろう」

あんなすてきな王子さまは見たことがないと思っていたので、モリーはやってみましょうと引き受け、その夕方にさっそくひとりで毛筋《けすじ》の橋を羽《はね》さながらに軽《かろ》やかに駆《か》け抜《ぬ》け、ひた走って、どんな天空の城《しろ》にも劣《おと》らず、夕焼《ゆうや》けの茜《あかね》にとっぷり染《そ》め上《あ》げられた巨人《きよじん》の家にたどりつきました。忍《しの》びこんで、ささっとベッド下へ。すぐさま巨人《きよじん》が戻《もど》ってきて夕食をすませ、どすどす上がってきてベッドでいびきをかきました。うわあ！　これまで以上《いじよう》に派手《はで》ないびき！

ところがなにしろ二面あるやつですから、もしかしたらわざと派手《はで》にかいてみせたのかしら。モリーが指輪《ゆびわ》を抜《ぬ》こうとしたとたんに…うわっ！…

モリーは親指と人さし指で、しっかりつまみ上げられてしまいました。巨人《きよじん》はそのままベッドに起き上がって、やれやれと頭を振《ふ》ってみせ、「せっかくとびきりの頭があるのになあ、モリー・ウピー！　さてと、かりにおれがおまえくらいの悪さをしでかしたら、その報《むく》いはどんなのにする？」

モリーはしばらく考えました。「あたしなら、袋詰《ふくろづ》めにして一緒《いつしよ》に猫《ねこ》を入れ、犬も入れ、針《はり》と糸とはさみも入れて、袋《ふくろ》ごと釘《くぎ》にかけておくわ。そのあとで森へ出かけてなるべく太い枝《えだ》の杖《つえ》を切り取り、帰ってきたら袋《ふくろ》を床《ゆか》におろしてこれでもかと杖《つえ》をふるい、死ぬまで打って打って打ちのめすのよ！」

「よくいった！」巨人《きよじん》は大喜《おおよろこ》びです。「その通りに始末《しまつ》してやるぞ！」

さっそく袋《ふくろ》を出してきてモリーと猫《ねこ》と犬、それに針《はり》と糸とはさみを入れ、杖《つえ》を探《さが》しに森へ出かけていきました。するとモリーがげらげら笑《わら》いだし、つられて犬が吠《ほ》え、猫《ねこ》もニャーニャー鳴きたてます。

隣《となり》の部屋にいた巨人《きょじん》のかみさんが、その騒《さわ》ぎを聞きつけて見にきました。

「いったいなんの騒《さわ》ぎ？」

「なんでもないの」袋《ふくろ》の中からモリーが大笑《おおわら》いしながら答えました。「ほっほっほっ！　はっはっはっ！　ここの眺《なが》めがおばさんにも見えたらねえ！」

とうとう巨人《きょじん》のかみさんに見せてと頼《たの》みこまれ、はさみで袋《ふくろ》を開けて抜《ぬ》けだしたモリーのかわりに入ると、針《はり》と糸で外から穴《あな》をふさがれてしまいました！　針《はり》と糸はもちろん、袋《ふくろ》を出る時に、ぬかりなく持ってきたんですよ。

まさにその瞬間《しゅんかん》、巨人《きょじん》がすごい剣幕《けんまく》で入ってきました。モリーがかろうじてドアの陰《かげ》に隠《かく》れるや、あの袋《ふくろ》に駆《か》け寄って床《ゆか》におろすと、ばかでかい丸太でばんばん叩《たた》き始めます。

「やめて！　やめて！」かみさんが大声を出します。「あたしよ！　あたしだってば！」

ところが巨人《きょじん》には聞こえません。だってね、ほら、犬と猫《ねこ》がどっちかの下敷《したじ》きになり、うなったり吠《ほ》えたりキャンキャン・シャーシャー・ギャオウとまあ大変《たいへん》で、聞こえやしないんですよ！　おかげで物音がかき消され、テーブルにのせておいた指輪《ゆびわ》を取って逃《に》げるモリーの姿《すがた》に気づかなければ、そのまま自分のかみさんを叩《たた》き殺《ころ》していたんじゃないでしょうか。

さっそく丸太を放り出して追いかけます。前にもましてすごい追っかけっこが毛《け》筋《すじ》の橋まで繰《く》り広げられました。そして、モリーはあの指輪《ゆびわ》をフープがわりにして平衡《へいこう》を保《たも》ちながら、軽《かろ》やかに橋を駆《か》け抜《ぬ》けるいっぽう、橋の手前で足止めされた巨《きょ》人《じん》はこぶしを振《ふ》りたて、前にもましてどなり散《ち》らしました。

「覚《おぼ》えてろ、モリー・ウピー！　二度とこんなまねはさせんぞ！」

モリーは毛《け》筋《すじ》の橋を渡《わた》りながら、振《ふ》り向いて笑《わら》いました。「あの天空のお城《しろ》には二度と行かないわよ、老《お》いぼれさん」

モリーはあの指輪《ゆびわ》と引きかえに、すてきな末《すえ》の王子さまと結婚《けっこん》させてもらい、二面の巨人《きょじん》はそれっきり二度とあらわれなくなりましたとさ。

三人のおバカさん

今のように世間の人が賢《かしこ》くなかったむかしのこと、ある農家の夫婦《ふうふ》にひとり娘《むすめ》がいました。その子がなかなかの器量《きりよう》よしでね、長旅から戻《もど》ってきた大地主さまの若旦那《わかだんな》に見そめられたんですよ。

で、若旦那《わかだんな》は夕方になるといつも散歩《さんぽ》のついでに農夫《のうふ》の家に寄《よ》り、夕飯《ゆうはん》をよばれていきます。そのたびにあの娘《むすめ》が地下《ちか》蔵《ぐら》からリンゴ酒をくんできて、もてなしてあげました。

でね、ある晩《ばん》、娘《むすめ》がいつも通りにリンゴ

酒の樽《たる》の口をひねった拍子《ひょうし》に、天井《てんじょう》の梁《はり》のどれかに大きな木づちがさしこんであるのが、ふと目にとまったんです。

昨日《きのう》や今日やったことじゃない証拠《しょうこ》に、木づちはまんべんなくクモの巣《す》まみれでね。けど、どうしたわけかこれまでは気づかれなかった。そんなとこに木づちなんか置《お》いといたらどうなるかと、娘《むすめ》はさっそく気をもみだしたんですよ。

こんなふうにね。「だってさ、あの人と一緒《いっしょ》になったとするじゃない。で、男の子ができたとするわよね。その子が無事《ぶじ》に大きくなったとして今のあたしみたいにリンゴ酒を取りにきて、たまたまあの木づちが頭に落ちてきて死んじゃったら。思うだけでぞっとするじゃないの！」

そこまできて、ろうそくを持っていられなくなり、手近な樽《たる》にかけて泣《な》きだしました。いくら泣《な》いても止まりません。

さて、えらく手間どってるじゃないかと残《のこ》りの者は心配になってきました。で、ころあいに母親が見にいくと、出しっぱなしのリンゴ酒でどこもかしこも大変《たいへん》なことになった部屋の中で、樽《たる》に座《すわ》りこんだ娘《むすめ》が大泣《おおな》きしています。

「あれあれまあ！」母親は声を上げました。「一体どうしたの、おまえ？」

「ああ、母さん！」泣《な》きじゃくるあいまに、「あの恐《おそ》ろしい木づちのせいよ。だってさ、あの人と一緒《いっしょ》になったとするじゃない。で、男の子ができたとするわよね。その子が無事《ぶじ》に大きくなったとして、今のあたしみたいにリンゴ酒を取りにきて、たまたまあの木づちが頭に落ちてきて死んじゃったらどうするの。思うだけでぞっとするじゃないの！」

「ああ、ああ、どうしよう！」母親は娘《むすめ》の隣《となり》に座《すわ》りこみ、大声で泣《な》きだしました。「ぞっとするじゃないの！」

そして、ふたりともそのまま泣《な》き続《つづ》けました。

さて、さっぱり戻《もど》ってこないのでしばらくして農夫《のうふ》がやってきたら、床《ゆか》じゅうリンゴ酒で水浸《みずびた》し、なのに母娘《ははこ》とも知らん顔で大泣《おおな》きしています。

「おいおいおい！」と声をかけました。「何やってんだよ」

「まあちょっと、あのおっかない木づちを見てやっておくれよ、父ちゃん」かみさんは声をふりしぼって訴《うった》えました。「うちの娘《むすめ》があのお方と一緒《いっしょ》になったとするじゃないの。で、男の子ができたとするよね。その子が無事《ぶじ》に育ったとして、今のあたしみたいにリンゴ酒を取りにきて、たまたまあの木づちが頭に落ちてきて死んじゃったらどうするの。思うだけでぞっとするじゃないの！」

「ああほんとだ、シャレにもならん！」父親はかみさんの横に座《すわ》りこみ、やっぱり盛大《せいだい》に泣《な》きだしました。

夕飯《ゆうはん》を待ちわびた若旦那《わかだんな》はとうとうたまりかね、みんなどうしたんだいと見にきました。見れば三人とも樽《たる》に並《なら》んで大泣《おおな》きするかたわらで、流れほうだいに流れ出たリンゴ酒が足首までたまって、ちょっとした洪水《こうずい》になっています。で、若旦那《わかだんな》はまっさきにリンゴ酒を止めにいくと、それから声をかけました。

「ちょっと、三人ともどうしたんですか。赤《あか》ん坊《ぼう》じゃあるまいし、座《すわ》りこんで大泣《おおな》きして。おまけに、せっかくのリンゴ酒をこんなにして。そこらじゅう水浸《みずびた》しですよ？」

そしたら、三人とも口々に訴《うった》えたんですよ。「あのおっかない木づちを見てくださいよ！　あなたさまがうちの子（あたし）と一緒《いっしょ》になられて男の子ができたとしましょう。その子が立派《りっぱ》なお跡継《あとつ》ぎに育ったとして、今のあたしらみたいに夕飯《ゆうはん》のリンゴ酒を取りにきたとしましょうや。そこへたまたまあの木づちが頭に落ちてきて死んじゃったらどうするんです。思うだけでぞっとするじゃないですか！」

聞いた若旦那《わかだんな》はもう爆笑《ばくしょう》、これ以上《いじょう》は無理《むり》というほど笑《わら》って笑《わら》って笑《わら》い転げました。やがて、なんとか手を伸《の》ばしてあの古ぼけた木づちを引きだすと、無事《ぶじ》に床《ゆか》へおろしました。それからつくづくかぶりを振《ふ》って、「これまでほうぼう旅してきたけど、あんたら三人ほどのバカは見たことがない。世にまたとない大バカのひとりを嫁《よめ》になんかできるかい。だからまた旅に出るよ。もっとすごい大バカが見つかりでもしたら、戻《もど》ってきて婚礼《こんれい》を挙《あ》げよう——さもなきゃこれっきりだ」

それっきりさようならでまた旅立ってしまい、あとの三人は泣《な》きの涙《なみだ》です。今度は、玉の輿《こし》がご破算《はさん》になっちゃったせいでね！

まあそれで若旦那《わかだんな》はひたすら尋《たず》ね歩いたものの、あれ以上《いじょう》の大バカを見つけられずにいましたが、ある日のこと、わらぶき屋根に草をぼうぼう生やした田舎《いなか》家の老婆《ろうば》に出くわしました。

でね、そのばあさんときたら、牝牛《めうし》をなんとかおだててはしごを上がらせて、屋根の草を食わせようとしています。だけど可哀相《かわいそう》に、牝牛《めうし》は怖《こわ》がります。ならばと尻《しり》を叩《たた》いても、おいそれと動くもんじゃありません。いやはや前代未聞《ぜんだいみもん》ですね！なにしろ、牝牛《めうし》が尻込《しりご》みすればするほど、ばあさんはかっかと熱《あつ》くなるんですから。しまいに若旦那《わかだんな》が声をかけました。「あんたが自分で上がってってさ、草を刈《か》って下に投げてやったほうが早いんじゃないの」

「そういう見方もあるけど」と、ばあさん。「牛なら草ぐらい自分でむしれるよ。このバカたれは、屋根に上がったってちっとも危《あぶ》なくなんかないんだ。だってさ、こいつの首に縄《なわ》をつけて煙突《えんとつ》を通すだろ、そいでもう片端《かたはし》をあたしの腰《こし》に結《ゆ》わえといて、こっちでちょいと洗《あら》いものでもしてりゃ、知らん間に屋根を転げ落ちたりはしないはずだよ。だから大きなお世話はよしとくれよ、お若《わか》いの」

ばあさんは悪戦苦闘《あくせんくとう》、あの手この手でやっと牝牛《めうし》を屋根に上らせ、牛の首に縄《なわ》をつけて煙突《えんとつ》に通した上で自分の腰《こし》に巻《ま》きました。それから洗《あら》いものにかかり、若旦《わかだん》那《な》は先へ進んでいきました。

ですがいくらも行かないうちに、これでもかというほどの騒《さわ》ぎが耳に入りました。急いで戻《もど》ってみれば、屋根から落っこちて首を吊《つ》られた牝牛《めうし》の重みでばあさんは宙《ちゅう》に浮《う》き、煙突《えんとつ》に詰《つ》まりかけて顔も体もすすだらけです！

「あれよりバカがひとりいたよ」旅を続《つづ》けながら、若旦那《わかだんな》はいいました。「さーて、もうふたりだ！」

それでもなかなか後が続《つづ》かず、ある夜《よ》ふけに小さな宿屋に入りました。あいにく満室《まんしつ》で、しかたなく相部屋《あいべや》になりましたが、感じのいい相客《あいきゃく》に当たってすっかり打《う》ち解《と》け、それぞれのベッドで気がねなく休んだのです。

ところが、あくる朝になってさあ着替《きが》えという時、その相客《あいきゃく》は大だんすの引き手に、えらくバカていねいにズボンを引っかけています。

「なにしてんの?」若旦那《わかだんな》は尋《たず》ねました。

「これからズボンをはくんだよ」相客《あいきゃく》は部屋の反対側《がわ》からちょいと助走をつけ、両脚《りょうあし》いっぺんにズボンに飛《と》びこもうとしました。

しかしながらやりそこない、さらにもう一度、さらにもう一度、またもう一度、またまたもう一度と繰《く》り返《かえ》すうちにどんどん頭に血がのぼってきました。そうしてムキになった姿《すがた》は、まるでいつぞや、あのわからずやのばあさんが嫌《いや》がる牝牛《めうし》をしゃにむに追いたてた時とそっくりです。若旦那《わかだんな》はその一部始終を見てもう大笑《おおわら》い。こんなの、見たことありませんでしたからねえ。

やがて相客《あいきゃく》は一息入れ、ハンカチで顔をぬぐいました。なにしろ汗《あせ》だくです。「いいよ、笑《わら》えよ。だけどズボンってのは不出来《ふでき》にもほどがあってさ、とにかく脚《あし》を入れづらいんだ。毎朝の身じたくに一時間じゃきかないよ。あんたはどうやってる?」若旦那《わかだんな》がげらげら笑《わら》いながらズボンのはき方を実演《じつえん》してみせると、相客《あいきゃく》にさんざん礼を述《の》べられました。「ぜんぜん思いつかなかった」そうです。

「じゃあこれで」と若旦那《わかだんな》はつぶやきました。「あれよりバカがふたりになった」それでも、いつまでたっても三人めが出ないままである晩《ばん》にある村にやってきたら、天の高みにきれいな月がかかっていました。おおぜいの村人たちが村はずれのため池を取り囲《かこ》んで、てんでに鍬《くわ》やら干草《ほしくさ》用の熊手《くまで》やらほうきを使って、池さらいに必死《ひっし》です。「どうしたんだね、何ごとだ？」若旦那《わかだんな》は声をかけ、馬から飛《と》びおりて手伝《てつだ》おうとしました。「誰《だれ》か落ちたのか？」

「ああ！　大ごとだよ」村人たちが答えた。「あんた見えないのかい？　月が落っこってさ、池から上がれないんだぜ？」

と、またしても大騒《おおさわ》ぎで鍬《くわ》や熊手《くまで》やほうきをふるって拾い上げようとします。若旦那は腹《はら》を抱《かか》えて笑《わら》いだし、みんなバカだなあ、上を見ろよ、月はあそこだよといってやりました。だけど村人たちは目もくれず、池にあるのはただの影《かげ》だなんて信《しん》じようともしません。それどころか説《と》き伏《ふ》せにかかる若旦那《わかだんな》をあべこべに罵《のの》り、池へぶちこむぞと脅《おど》すしまつです。若旦那《わかだんな》はほうほうのていで馬へ戻《もど》りました。鍬《くわ》や熊手《くまで》やほうきの連中《れんちゅう》をほったらかしてね、もしかすると、まだやってるかもしれませんよ！

で、若旦那《わかだんな》は考えました。「この世には思った以上《いじょう》にバカが多いぞ。だったら早いとこ戻《もど》ってあの娘《むすめ》をもらうか。ほかの連中《れんちゅう》のバカさかげんからすりゃ、別《べつ》にどうってことないさ」

それであの娘《むすめ》を嫁《よめ》にしました。その後いつまでも幸せに暮《く》らさなくたって、知りませんよ。

ねこたちのおしゃべり〜物語の豆知識《まめちしき》〜

ジャックだらけ、どうして？

チェシャ　この本にはジャックがいっぱい出てくるね。

チェッコ　うん。まぎらわしいよ、みんな違《ちが》う人なのに。

チェシャ　ジャックというのはイギリスやフランスによくある名前だけど、庶民《しょみん》に多くて、王さまとか高貴《こうき》な生まれの人にはまず見かけないんだ。

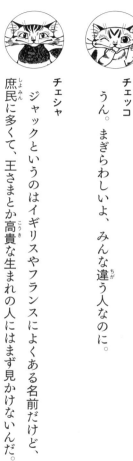

チェッコ

いわれてみればジャック王って、ぼくらの感覚《かんかく》だと、ちょっとちぐはぐだね。

チェシャ

イギリスのジャックは、ジェイコブって名前の愛称《あいしょう》でね。旧約聖《きゅうやくせい》書《しょ》のヤコブさんって人のこと。とにかく抜《ぬ》けめがなくて、お兄さんやお父さんをだましたりしたみたい。庶民《しょみん》はそれぐらいしたたかでないと生きていけないけど、王さまにしてはちょっと品がないだろ。実際《じっさい》はそういう王さまもけっこういるけど。

チェッコ

まあ、王さまに愛称《あいしょう》はそもそもまずいよね。威厳《いげん》がなくなっちゃう。日本でも、みんなの前で天皇陛下《てんのうへいか》をあだ名で呼《よ》んだりはしないんじゃないかな。

チェシャ　だから、ジャックという主人公が出てきたら、王子さまでもなんでもない、ごく普通《ふつう》の男の子なんだと思ってくださいね。

チェッコ　でもね、日本だとまた違《ちが》うらしいよ。この本を書いたスティールさんと同じころに森鷗外《おうがい》って人がいたんだけど、ヨーロッパの名前を漢字にして身近な人につける趣味《しゅみ》があってね。ジャックには「爵《しゃく》」という字をあてていたらしい。

チェシャ　爵《しゃく》って、貴族《きぞく》の位《くらい》のことだろ。ジャックも大出世だね。

巨人《きょじん》たち

チェッコ

巨人《きょじん》の話も少しだけね。むかしのイギリスをおさめていたのは、フランスからやってきた王さまや貴族《きぞく》たちだったんだ。英語《えいご》もろくに通じないご領主《りょうしゅ》さまに税金《ぜいきん》をしぼり取られた庶民《しょみん》たちが、うっぷん晴らしにお話の中でご領主《りょうしゅ》さまを巨人《きょじん》に仕立てたという説《せつ》もあるよ。

世界どこでも、おとなり同士《どうし》というのは仲《なか》がよくないね。近いから欠点《けってん》が目につきやすいのかな。この本でも『巨人退治《きょじんたいじ》のジャック』でコーンウォールがウェールズの、『赤いエティン』でスコットランドがアイルランドの悪口をいっています。

チェシャ

ねこのなわばりみたいなのが、たぶん人間にもあるんじゃないの。

南はトカゲ、北はヘビ

チェッコ

そういえば、日本の竜《りゅう》はトカゲっぽくなくてヘビに近いね。西洋の竜《りゅう》とはぜんぜんちがう、といいたいところだけど、聖《せい》ジョージに出てくるトカゲっぽい竜《りゅう》はキリスト教と一緒《いっしょ》に南から入ってきたみたいだよ。北欧《ほくおう》神話に出てくる竜《りゅう》はたいていヘビなんだ。『嫌《きら》われ者《もの》の大蛇《だいじゃ》』はそのなごりだね。

プディングって？

チェシャ

イギリスの食べものといえば、プディングだよね。でもさ、イギリスのプディングって本当にいろいろありすぎて、かえって迷《まよ》っちゃう。日本でもおなじみのカスタードプディングみたいな甘《あま》いのばかりじゃなくて、塩味《しおあじ》のおかずプディングのほうが歴史《れきし》は古いんだよ。『巨人退治《きょじんたいじ》のジャック』に出てくるヘイスティ・プディングは、牛乳《ぎゅうにゅう》やお湯で小麦粉《こむぎこ》やオートミールをぐらぐら煮《に》た固《かた》めのおかゆだし、スコットランドのハギスや、クリスマス・プディングはれっきとしたごちそうプディングだね。

チェッコ

今はやっぱり甘《あま》いほうが主流だね。イギリス英語《えいご》じゃ、デザートはみんな「プディング」だから、「お昼のプディングはなんですか」「チョコレートケーキよ」というふうに使うの。

巨《きよ》人《じん》退《たい》治《じ》のジャック

一

アーサー王とグィネヴィア王妃《おうひ》がコーンウォールを治《おさ》めていたころ、国境《こっきょう》近くの農家にジャックというひとり息子《むすこ》がいました。ジャックはとにかく頭のいい子でした。たいそう機転《きてん》がきくので、誰《だれ》にでも何にでもおいそれと負かされたりはしません。

さてそのころ、コーンウォールの聖《せい》マイケル山にコーモランという食《く》いしん坊《ぼう》の巨人《きよじん》がいました。身《み》の丈《たけ》ゆうに十八フィート、胴回《どうまわ》りはおよそ三ヤード、おっかない顔で近隣《きんりん》を震《ふる》え上がらせていました。山腹《さんぷく》の岩穴《いわあな》に住み、腹《はら》が減《へ》れば川を越《こ》えてきて、手当たり次第《しだい》に何でも取っていくんです。だから巨人《きよじん》の大足がざぶざぶと川を漕《こ》ぐ音がしようもんなら、貧乏人《びんぼうにん》も金持ちもめいめいの家から転がり出て逃《に》げ隠《かく》れしたもんですよ。だって見つかったらさいご、巨人《きょじん》の頭に浮《う》かぶといったらせいぜい、まとめて半ダースばかり茹《ゆ》でて朝めしにしようかな、ですから。家畜《かちく》なんかは十匹単位《ぴきたんい》でやられ、よく肥《こ》えた牡牛《おうし》を一気に半ダースほど担《かつ》ぎ上げ、羊や豚《ぶた》なら獣脂蠟燭《じゅうしろうそく》の束《たば》みたいにベルトにじゃらじゃらさげて持ってかれてしまうんです。長年ずっとそんな調子でやられたものだから、気《き》の毒《どく》にコーンウォールの民《たみ》はもう立ちゆかなくなりました。かといって巨人《きょじん》を退治《たいじ》できる者はいません。で、いい若者《わかもの》になったジャックが、市《いち》の立つ日にたまたま来てみれば、町はまた巨人《きょじん》に目をつけられたかして見る影《かげ》もなくなっていました。いたるところで涙《なみだ》にくれる女たちや、悪態《あくたい》をつく男たちだらけ。郡代官《ぐんだいかん》は善後策《ぜんごさく》を協議《きょうぎ》中ですが名案《めいあん》はひとつも出ません。そこへ人怖《ひとお》じしないジャックが進み出て、とても礼儀正《れいぎただ》しく——いつも礼儀正《れいぎただ》しかったから——あの巨人《きょじん》コーモランを退治《たいじ》したらどんなごほうびが出ますかとお伺《うかが》いを立てました。

「巨人《きょじん》の岩穴《いわあな》のお宝《たから》を全部やるよ」みんなが口をそろえます。

「ひとつ残《のこ》らず?」ジャックがいつになく念《ねん》を押《お》しました。

「ひとつ残《のこ》らずだ」みんなにいわれました。

「じゃあ、ぼくがやりますよ」と、ジャックはさっそく仕事にかかりました。

そのときは冬でね、日がとっぷり暮《く》れてから角笛一本と手斧《ておの》一丁とシャベル一本さげて、あの山に出かけました。そして夜が明けるまでに深さ二十二フィート、さしわたしもだいたいそれぐらいの穴《あな》を掘《ほ》り上げ、上に長いわらしべをかぶせてからうっすらと土を広げ、さもしっかりした地面のように見せかけておいたんです。そうしておいて夜明け方、穴《あな》の手前に仁王《におう》立ちして、巨人《きょじん》のねぐらへ向けて角笛をこれでもかと吹《ふ》き鳴《な》らしたんですよ。

「パッパラパー！　パッパラパー！　パッパラパー！」

ちょうど、狩《か》りで狐《きつね》を追い立てるみたいにね。

叩《たた》き起こされた巨人《きょじん》はもちろん怒《おこ》って岩穴《いわあな》から走り出ました。そしたら、わがもの顔に角笛を吹《ふ》きまくる小柄《こがら》なジャックを見てかんかんになり、せっかくの眠《ねむ》りを台なしにしたやつに大声でくってかかりました。「寝《ね》た巨人《きょじん》を起こせばどうなるか教えてやるぞ、このけちなプープー屋め。パッパラパーのお返しはたっぷりしてやるからな。ふん捕《づか》まえてグラグラ煮《に》て丸ごと朝めしに――」

と、踏《ふ》みだすか踏《ふ》みださないかでバキバキッと――穴《あな》に落ちました！　しばらくは、まるで岩山が土台から揺《ゆ》すぶられるようなすさまじい騒《さわ》ぎでした。でも、ジャックはあっさり笑《わら》い飛《と》ばしました。「ほほう！」と声を上げます。「で、朝めしはどうなったんだ、巨人《きょじん》どん？　おれをグラグラ煮《に》るか焼《や》くかするのかよ。ところで献立《こんだて》はちっぽけなジャックだけかい？　まったく！　さあて、これできさまも年貢《ねんぐ》の納《おさ》めどきだな。なにしろ悪行のツケがたっぷりあるんだ、気がすむまでいたぶってやるよ。腐《くさ》った卵《たまご》があればよかったんだが、こいつで足りるだろ」と、持参《じさん》の手斧《ておの》を振《ふ》りかぶり、コーモランの頭にがつんとぶつけて即死《そくし》させました。

あとはまた穴《あな》をていねいに埋《う》め戻《もど》し、岩穴《いわあな》を物色して、どえらい財宝《ざいほう》を見つけました。

ジャックの大手柄《てがら》を聞きつけた代官《だいかん》らは、以後《いご》こう呼《よ》べとお触《ふ》れを出しました——

〝巨人退治《きょじんたいじ》のジャック〟

そしてジャックに剣一振《けんひとふ》りと、金糸でこんな銘《めい》を入れた剣帯《けんたい》を贈《おく》ったのです。

このお方こそコーンウォールの勇者《ゆうしゃ》
巨人《きょじん》コーモランをやっつけた男

二

当然《とうぜん》ながら、ジャックの勝利《しょうり》はまたたく間に全イングランドに知れ渡《わた》り、北方のブランダボアという別《べつ》な巨人《きょじん》の耳に入りました。やつは、もしもジャックに行き合ったら仲間《なかま》の仇《あだ》をとってやると誓《ちか》ったんですよ。それでね、この巨人《きょじん》ブランダボアは深い森に囲《かこ》まれた魔《ま》法《ほう》の城《しろ》に住んでいました。

コーモランを退治《たいじ》したおよそ四ヵ月後、たまたまジャックはウェールズに用事ができてこの森を通りかかりました。たいがい歩きくたびれていたら、道端《みちばた》にきれいな湧《わ》き水《みず》を見つけ、これ幸いと横になって休むうちにまもなく寝《ね》てしまったんです。

さてさて、そこへ水汲《みずく》みにやってきたのが巨人《きょじん》ブランダボア。寝《ね》ているジャックを見つけて剣帯《けんたい》の銘《めい》を読み、巨人退治《きょじんたいじ》で名を売ったやつだと悟《さと》ったわけです。これ幸いと、ぐずぐずせずにジャックを担《かつ》いで魔《ま》法《ほう》の城《しろ》へ連《つ》れていきました。

森の大枝《おおえ》のこすれる音でジャックは目を覚《さ》まし、すでに巨人《きょじん》に捕《つか》まっていると知って心配になりました。しかも城《しろ》の中庭じゅうに散《ち》らばる人骨《じんこつ》を目にして、警戒心《けいかいしん》はいや増《ま》すばかりです。

「じきにおまえの骨《ほね》もそいつらの仲間入りさ」哀《あわ》れなジャックを城門《じょうもん》の真上の大部屋に閉《と》じこめついでに、巨人《きょじん》はいいました。そこは窓《まど》から急傾斜《きゅうけいしゃ》した屋根越《ご》しにおもての路上を見渡《みわた》せます。哀《あわ》れなジャックをここに留《と》め置《お》いたブランダボアは、同じ森に住む弟の巨人《きょじん》と山分けして食べようと、呼《よ》びにでかけていきました。

さてさて、ジャックが窓《まど》から見ていると、しばらくしてふたりの巨人《きょじん》が急ぎ足でどすどすやってきます。夕飯《ゆうはん》がお待ちかねだってわけですよ。

「さあてと」ジャックはつぶやきました。「おれが死ぬか、自由の身になるか、じきにわかる」妙案《みょうあん》がちゃんとあったんでね。部屋の片隅《かたすみ》に、じょうぶな縄《なわ》が二本ありました。その二本の片端《かたはし》をうまく輪《わ》にして窓《まど》の外に吊《つ》るし、門の鉄錠《じょう》を開ける巨人《きょじん》どもの頭に、どうにか気づかれずにくぐらせます。あとは電光石火の早業《はやわざ》で反対端《はし》を梁《はり》にくくりつけると、巨人《きょじん》たちが動けば動くほど首がきつく締《し》まり、やがてどっちも顔が真っ黒になりました。そこまで見届《みとど》けたジャックは首吊《くびつ》り縄《なわ》をすべり降《お》りると、剣《けん》を抜《ぬ》いて兄弟にとどめを刺《さ》しました。

それから城《しろ》の鍵《かぎ》を奪《うば》ってすべてのドアを開けて回り、自分の髪《かみ》でつながれて飢《う》え死《じ》にしかかっていた囚《とら》われの美女三人を救《すく》いだしました。

「ご婦人方《ふじんがた》」片膝《かたひざ》ついてジャックはいいました――いつも礼儀正《れいぎただ》しかったから――「この魔法《まほう》の城《しろ》の鍵《かぎ》をどうぞ。巨人《きよじん》ブランダボアと凶暴《きようぼう》な弟は退治《たいじ》しましたので、みなさまはもう自由の身です。ほかのご所望《しよもう》の品すべてと一緒《いつしよ》に、この鍵《かぎ》もぜひお持ちください」

そういうと、ジャックはウェールズめざして旅を続《つづ》けました。

三

ジャックはできる限《かぎ》り急ぎました。もしかすると、急ぎすぎたかも。おかげで道に迷《まよ》ってしまい、ふと気づけば、日はとっぷり暮《く》れたのにどこの民家《みんか》からも離《はな》れています。それでも望《のぞ》みを捨《す》てずに歩き回るうちに、狭《せま》い谷間にやたら大きくて陰気《いんき》な屋敷《やしき》がぽつんとありました。一夜の宿を借《か》りようと戸口をノックする。ご想像《そうぞう》通り、出てきたのは二つ頭の巨人《きよじん》でね、ジャックは驚《おどろ》いて身構《みがま》えました。だけど、こいつはとりわけ凶暴《きようぼう》そうな化け物のわりに、態度《たいど》だけはばか丁寧《ていねい》なんですよ。正体を明かせばこいつはウェールズの巨人《きよじん》でね、外面《そとづら》のいい二枚舌《にまいじた》っていうお国柄《くにがら》にふさわしく、気さくなふるまいの陰《かげ》にろくでもない下心があったってわけです。だから強いウェールズ訛《なま》りでジャックを温かく迎《むか》え、客間に寝支度《ねじたく》をしてやり、お休みなさいと優《やさ》しく声をかけて出ていきました。だけどジャックは、ぐっすり眠《ねむ》ろうにもくたびれすぎて目が冴《さ》えてしまい、そのまま横になっていると、隣室《りんしつ》から主人のつぶやきが聞こえてきます。耳がいいので、だいたいこんなセリフが聞きとれました。

「今夜はうちに泊《と》めてやるが
朝の光は拝《おが》めまい
この棍棒《こんぼう》でがつんと一発
やつの脳《のう》みそ飛《と》びだすからな」

「そうきたか」ジャックはつぶやいて、さっそく起きにかかりました。「じゃ、そいつがウェールズ流の小細工ってわけか？　だったらこっちも互角《ごかく》にやってやるよ」やがて毛布《もうふ》で幾重《いくえ》にもくるんだ大きな丸太《まるた》ん棒《ぼう》を身代わりにベッドに横たえ、自分は毛布《もうふ》一枚《いちまい》だけ持って部屋の片隅《かたすみ》にひそむと、いびきをかいてぐっすり寝《ね》たように見せかけました。すると案《あん》の定《じょう》、しばらくすると巨人《きょじん》が大きな棍棒《こんぼう》をさげて、まるで卵《たまご》でも踏《ふ》むような忍《しの》び足で入ってきました。それから――

どす！　どす！　どす！

ベッドをめちゃくちゃにぶちのめす音と、客の骨《ほね》が残《のこ》らず砕《くだ》けたころあいを見はからって、またこっそり引きあげる巨人《きょじん》の足音がしました。ジャックはそのあと平《へい》然《ぜん》とベッドに戻《もど》って、ぐっすり寝《ね》たんです！　あくる朝、巨人《きょじん》は目を疑《うたが》いました。無傷《むきず》のジャックが元気いっぱいで降《お》りてきたんですから。

「おっかしいなあ！」声を出して驚《おどろ》きましたよ。「よく眠《ねむ》れたかい？　夜の間、何もなかったか？」

「ああ」ジャックが袖《そで》で笑《わら》いを隠《かく》しながら、「ネズミでも出たのかな、しっぽで二、三度ぶってったよ」

巨人《きょじん》はあっけにとられ、ジャックを朝食の席《せき》へ案内《あんない》して、ゆうに四ガロンはあるへイスティ・プディングのお椀《わん》を出し、そこまで骨《ほね》があるんなら残《のこ》さず食ってくれといいました。さて、ジャックのほうでは旅行中にマントの下につけていた革《かわ》の合《がっ》切袋《さいぶくろ》を電光石火《でんこうせっか》の早業《はやわざ》で正面に回し、あごの真下に開けました。それから地頭《じあたま》のよくない巨人《きょじん》に悟《さと》られないように、食べたふりをしてプディングの大半をうまく袋《ふくろ》にあけました。だから、さしむかいの朝食で巨人《きょじん》が必死《ひっし》に自分の分を食べるのをしりめに、ジャックの分はきれいに片《かた》づいたってわけです。

「そら」悪賢《わるがしこ》いジャックは食後にいいだしました。「これから巨人《きょじん》ふたり分の値《ね》打《う》ちがある手品を見せてやるよ」と、肉切りナイフを持って立ち上がり、服の上からあの革袋《かわぶくろ》をナイフで突《つ》いてみせると、裂《さ》け目からヘイスティ・プディングが床《ゆか》へなだれ落ちたんです！

「おっかしいなあ！」巨人《きょじん》はすっかりだまされて

声を上げました。「自分でそんなまねができるとはな！」と、その肉切りナイフをつかむや自ら腹《はら》をかっさばいて死んでしまいました。ジャックはそうしてウェールズの巨人《きょじん》を退治《たいじ》したのです。

四

さてさて、当時は勇敢《ゆうかん》な騎士《きし》たちがいつも冒険《ぼうけん》を探《さが》し求《もと》める時代でもありましてね。アーサー王のひとり息子《むすこ》ですこぶる勇敢《ゆうかん》な王子が、ウェールズまで旅したいからと大枚《たいまい》の下賜金《かし》を父王にねだったのです。ウェールズで七人の悪魔《あくま》にとり憑《つ》かれた美しいご婦人《ふじん》の救出《きゅうしゅつ》を頑張《がんば》ってきますという名目でした。いくら止めても聞かないので、しまいに王も折《お》れて、王子に馬二頭をつけて行かせました。一頭に王子が乗り、もう一頭にどっさりの金貨《きんか》を積《つ》んであります。そして数日後、市《いち》の立つウェールズの田舎町《いなかまち》で大騒動《おおそうどう》に出くわしました。王子が尋《たず》ねてみると、事情《じじょう》はこういうことでした。生前にたいそう気前がよかった男の死体が、法《ほう》にのっとって墓場《はかば》に到《とう》着《ちゃく》するまでに取り押《お》さえられました。金貨《かねか》しか大金を借《か》りて返さずじまいだったからです。

「ずいぶんな法《ほう》もあったものだな」と、若《わか》い王子。「さ、死者を安らかに葬《ほうむ》ってやりなさい。債権者《さいけんしゃ》たちはわが宿に回せ。借《か》りを払《はら》ってつかわそう」

そこで無数《むすう》の債権者《さいけんしゃ》たちがどっと押《お》しかけ、おかげで夕方までに王子の手持ちはたった二ペンスを残《のこ》してすっからかん、もう旅を続《つづ》けられなくなりました。

たまたまそこにウェールズへ行く途中《とちゅう》だった巨人退治《きょじんたいじ》のジャックも居合《いあ》わせ、王子の心ばえと気っぷのよさから出た大変《たいへん》な善行《ぜんこう》の話を聞いて、お仕えするならこのお方と心に決めました。それで王子と話をつけ、朝になるとジャックの有り金をはたいて、ふたり分の勘定《かんじょう》をすませて出発したんです。ところが町を出るまぎわ、ひとりの老婆《ろうば》が大声で追いすがってきました。「お裁《さば》きを！　お裁《さば》きを！　あの亡者《もうじゃ》はこの七年というもの、あたしに二ペンス借《か》りっぱなしでございました。ほかの人たちと同じように払《はら》ってやってくださいませ」

心ばえも気っぷもいい王子は懐《ふところ》に手をやり、なけなしの二ペンスを老婆《ろうば》にくれてやりました。これでふたりともすっからかん、日が傾《かたむ》くころになると王子が、「ジャック！　われらは文なしだが、今夜の宿をどうしたものかな？」

ジャックが答えて、「だいじょうぶですよ、ご主人さま。だってここから二、三マイル足らずの場所に三つ頭の怪物《かいぶつ》じみた巨人《きょじん》がおりましてね、たったひとりで四百の軍勢《ぐんぜい》を、風に飛《と》ばされたもみがらみたいにぶっ飛《と》ばしちまうすごいやつです」。

「その者がわれわれに、なにかしてくれるのか？」王子がいいました。「ぶった切ってむしゃむしゃされるのがオチだろう」

「いえいえ」ジャックが笑《わら》います。「おれに露払《つゆはら》いさせてください。この巨人《きよじん》は絶対《ぜったい》に血の巡《めぐ》りが悪いです。もしかすると、おれなら裏《うら》をかいてやれるかも」

そんなわけで王子を残《のこ》して、ジャックだけが馬を飛《と》ばして巨人《きよじん》の城《しろ》へたどりつき、城門《じようもん》を叩《たた》いて近隣《きんりん》の丘《おか》という丘《おか》にこだまするほどの大声で呼《よ》ばわりました。

聞きつけた巨人《きよじん》からは、雷《かみなり》のような声がとどろきます。「何者だ？」

肝《きも》の据《す》わったただジャックはここぞとばかり、ラッパみたいに高らかに、「ほかでもない、貧《まず》しい従弟《いとこ》のジャックです」。

「従弟《いとこ》のジャックか！」巨人《きよじん》は驚《おどろ》きました。「それで、従弟《いとこ》のジャックがなんの用だ？」

巨人《きよじん》がだいぶ慎重《しんちよう》になったもんでね、ジャックはあわててあおりにかかりました。

「従兄《にい》さん、一大事だ、大変《たいへん》だ！」

「一大事か」なかば不安《ふあん》にかられた巨人《きよじん》は、おうむ返しにしました。「一大事なんか、

おれさまの身に降《ふ》りかかるわけがなかろう。おれさまは三つ頭じゃないか？　五百の軍勢《ぐんぜい》にひとりで立ち向かえるじゃないか？　風に舞《ま》う木の葉みたいに、そいつらをきりきり舞《ま》いさせてやれるじゃないか？」

「まったくです」ジャックはぬかりなく調子を合わせました。「ですが、お知らせに上がったのは、アーサー大王の王子が千の軍勢《ぐんぜい》を率《ひき》いてあんたの討伐《とうばつ》に向かったからですよ」

そう聞いた巨人《きょじん》はがたがた震《ふる》えだし、「ああ！　従弟《いとこ》のジャック！　親切な従弟《いとこ》のジャック！

なるほどこいつは一大事だ。教えてくれ、おれはどうすりゃいい？」

「地下室に隠《かく》れるんですよ」と、悪賢《わるがしこ》いジャックは知恵《ちえ》をつけました。「そしたらおれが外から錠《じょう》と鍵《かぎ》とかんぬきをかけ、王子が引きあげるまで鍵《かぎ》を預《あず》かっときます。そうすりゃ、あんたは安全です」

あたふた地下室に駆《か》けこんだ巨人《きょじん》を、ジャックは錠《じょう》と鍵《かぎ》とかんぬきで閉《と》じこめました。しっかり閉《と》じこめた上で王子を迎《むか》えにいき、巨人《きょじん》が用意した夕食を勝手にふたりで飲み食いして陽気にやり、ひきかえ怪物《かいぶつ》はみじめに震《ふる》えおののいて地下室にすくんでいたってわけです。

まあそれで、一晩《ひとばん》ぐっすり休むとジャックは早朝に王子を起こし、巨人《きょじん》のお宝《たから》から金銀をたんまりせしめると、三マイルほど先へ行っててくださいと王子に頼《たの》みました。王子の臭《にお》いをかぎとれなくなったと見極《みきわ》めた上で、巨人《きょじん》を地下室から出してやります。巨人《きょじん》は寒さと湿気《しっけ》で半死半生になりながらも心から感謝《かんしゃ》し、自分の命と城《しろ》を助けてくれたほうびになんなりといってくれ、必《かなら》ずかなえてやろうとジャックにいいました。

「なあに、おやすい御用《ごよう》ですよ」といいながらも、ジャックは周囲《しゅうい》への目配りを怠《おこた》らなかったんですね。「おれが欲《ほ》しいのは、あの古びたマントと帽子《ぼうし》だけです。ついでにあんたのベッドの枕側《まくらがわ》に掲《かか》げてある、あの錆《さ》びた古い剣《けん》とスリッパも一緒《いっしょ》につけてください」

　聞くなり、巨人《きょじん》はため息まじりにかぶりを振《ふ》りました。「なにをねだっているのか、わかっとらんだろ。おれの持ち物でも、あれらはとびきり貴重品《きちょうひん》なんだ。だが約束《やくそく》は約束《やくそく》だからな、持っていけ。あの外套《がいとう》を着れば姿《すがた》が見えなくなり、帽子《ぼうし》は知りたいことすべてを教えてくれる。あの剣《けん》は触《ふ》れるものすべてを一刀両断《いっとうりょうだん》し、スリッパはどこであれ行きたい場所に、ちょっとウィンクする間に連《つ》れてってくれるんだ！」

　ジャックはほくほくしながらあのマントと帽子《ぼうし》と剣《けん》とスリッパを持って馬を飛《と》ばし、じきに主人に追いつきました。合流して旅を続《つづ》け、めざす美しいご婦人《ふじん》の居《きょ》城《じょう》に到着《とうちゃく》です。

　いざ会ってみると実に美人で、七人の悪魔《あくま》に憑《つ》かれるだけのことはあります。王子の求婚《きゅうこん》を知らされた彼女《かのじょ》のほうでも、にこやかに豪奢《ごうしゃ》な宴会《えんかい》を命じました。そして王子の右手に侍《はべ》って、酒と料理《りょうり》でもてなしました。

　宴会《えんかい》の終盤《しゅうばん》にハンカチを出して王子の口をそっと拭《ふ》くと、ご婦人《ふじん》は笑顔《えがお》でこういいました。「では、お仕事を差《さ》し上《あ》げますわね、王子さま！　明朝、このハンカチをわたくしに見せてくださいませ、さもないとお首をなくしますわよ」

あとはハンカチを自分の胸元《むなもと》にしまい、「おやすみなさいませ！」

王子は途方《とほう》に暮《く》れましたが、王子が寝《ね》てしまうまでジャックは黙《だま》っていました。あとは巨人《きょじん》からせしめたあの古帽子《ぼうし》を出してきてかぶると、こりゃどうだ！ ものの一分で知りたいことがすべてつかめました。それで夜中にあの美しいご婦人《ふじん》がおなじみの悪魔《あくま》の一匹《ぴき》を呼《よ》びだし、自分を魔王《まおう》ルシファーその人のもとへ運ぶよう命じているのをよそに、ジャックはあの古マントと俊足《しゅんそく》スリッパで先を越《こ》し、ほぼ同時にたどりつきます。そしてご婦人《ふじん》が魔王《まおう》にハンカチを渡《わた》して、大事にしまっておいてねと命じて高い棚《たな》にしまわせるや、そこへ登っていってあっという間にそのハンカチを奪《うば》ったんですよ。

翌朝《よくあさ》、そんなわけで美しい魔女《まじょ》が落ちこむ王子の顔を拝《おが》みにいったら、意外《いがい》にもさわやかな一礼とともにあのハンカチを進呈《しんてい》されてしまいました。

当初《とうしょ》はがっくりきた魔女《まじょ》でしたが、日暮《ひぐ》れ近くなるとさらに立派《りっぱ》な宴《うたげ》を命じました。今度の宴《うたげ》の終盤《しゅうばん》では、王子の唇《くちびる》に熱《あつ》いキスをして、「お仕事ですわよ、愛《いと》しい方。明朝、わたくしが今夜最後にキスした唇《くちびる》を見せてくださいませ。さもないとお首をなくしますわよ」。

それまで愛情《あいじょう》深く聞き入っていた王子が優《やさ》しくいいました。「ほかの者にキスしていらっしゃらなければ、そういたしましょう」

さてさて、この美人は七人の悪魔《あくま》に憑《つ》かれているため、王子をきれいな若造《わかぞう》としか見ていません。それでもちょっと赤くなりました。「ここにも、よそにもございません。見せてくださいませね。さもなければお首をなくしますわよ」

それで王子は前と同様にしょんぼり寝《ね》てしまいました。でも、ジャックは知恵《ちえ》の帽子《ぼうし》をかぶって、知りたいことを一瞬《いっしゅん》ですべてつかんだのです。

ですから、夜中にあの美女がなじみの悪魔《あくま》を呼《よ》んで魔王《まおう》のもとに連《つ》れていかせるときも、マントとスリッパで先回りしました。

「一度は裏切《うらぎ》ったでしょ」美人は魔王《まおう》にしぶい顔を向けました。「ハンカチを手放したりして。じゃあね、今度は盗《ぬす》んだりできないものをお渡《わた》ししますからね。いくら王子でも、これなら出し抜《ぬ》けないでしょ」

と言いながら、汚《けが》らわしい悪魔《あくま》の唇《くちびる》にべったりキスして引きあげました。そこをすかさずジャックがあの錆《さ》びた剣《けん》をふるってルシファーの首を切り落とし、マントに隠《かく》して主人のもとへ持ち帰ったというわけです。

そんなわけで翌朝《よくあさ》の王子は、美しい目に悪意をたたえた美女に、昨夜《さくや》の最後《さいご》にキスした唇《くちびる》を見せてくださいませと迫《せま》られると、角をつかんで魔王《まおう》の首を引き出しました。これまでとり憑《つ》いていた七人の悪魔《あくま》は、その首を見たとたんに七つの絶叫《ぜっきょう》を上げてご婦人《ふじん》から離《はな》れました。おかげで魔法《まほう》は解《と》け、本来の完璧《かんぺき》な美貌《びぼう》と善良《ぜんりょう》な性格《せいかく》に戻《もど》れたというわけです。

ご婦人《ふじん》と王子は翌朝《よくあさ》さっそく結婚《けっこん》しました。ふたりそろってアーサー王の宮廷《きゅうてい》へ戻《もど》ると、かずかずのお手柄《てがら》をたてた巨人退治《きょじんたいじ》のジャックは円卓《えんたく》の騎士《きし》に任《にん》じられました。

五

だけど、われらが主人公はこれでもよしとせず、じきにまたも巨人探《きょじんさが》しの旅に出ました。そして、さほど遠くへ行かないうちに出くわしました。そいつは暗い洞窟《どうくつ》の入口で大きな丸太に腰《こし》かけた、ぞっとするほど恐《おそ》ろしい巨人《きょじん》でしたよ。ぎょろ眼《め》は火のついた石炭のよう、仏頂面《ぶっちょうづら》の大きなベーコンみたいな頬《ほお》に鋼鉄《こうてつ》の束《たば》みたいなひげが伸《の》び放題《ほうだい》でね。盛《も》り上がった肩《かた》に、くねりよじれた蛇《へび》か怒《おこ》った毒蛇《どくへび》のように髪束《かみたば》が絡《から》みついています。ごつごつした突起《とっき》の鉄棒《てつぼう》を構《かま》え、荒《あら》い息遣《いきづか》いは一マイル先からでも聞こえそうでした。こんな恐《おそ》ろしい眺《なが》めはまたとありませんが、ジャッ

クは馬を降《お》りて姿隠《すがたかく》しのマントを着ると、巨人《きょじん》に近づいていってこっそり声をかけました。「よう！　あんたかい？　もうじき、そのひげでふん縛《じば》ってやるからな」
　言うや、あの魔法《まほう》の剣《けん》で巨人《きょじん》の首をすっぱりやろうとしたのに、なぜか手もとが狂《くる》い、すっぱり落ちたのは鼻でした！　なんたること！　巨人《きょじん》の吼《ほ》え声《ごえ》たるや！　まるっきり雷《かみなり》でね、なにかに憑《つ》かれたようにごつい鉄棒《てつぼう》でそこらじゅうをめった打ちしています。だけど隠《かく》れマントを着たジャックは難《なん》なくかわして後ろに回り、あの魔《ま》法《ほう》の剣《けん》を柄《つか》まで通れと巨人《きょじん》の背中《せなか》

に刺《さ》し通《とお》しました。

　おあとは荷馬車を雇《やと》ってアーサー王のもとへ首を送りつけ、巨人《きょじん》のねぐらを探《さぐ》って宝探《たからさが》し。それから曲がりくねる道をさんざんたどっていくと、自然石《しぜんせき》を床《ゆか》や天《てん》井《じょう》に敷《し》き詰《つ》めた、とほうもない広間に出ました。上手《うわて》の端《はし》にしつらえた特大《とくだい》の炉《ろ》に、見たこともないほど大きな鉄鍋《てつなべ》がかかっています。ぐらぐら煮立《にた》った鍋《なべ》からは食欲《しょくよく》をそそる匂《にお》いがしました。すぐ右脇《わき》にどでかいテーブルがあり、巨大《きょだい》な皿やマグが並《なら》んでいます。ここは巨人《きょじん》たちの食堂《しょくどう》に使われていたんですね。つい目と鼻の先に鉄格子《てつごうし》の窓《まど》らしきものがあり、中から大勢《おおぜい》の囚人《しゅうじん》がこちらを見ていました。

「ああなんてこと！　運が悪かったねえ！」ジャックの姿《すがた》に、いっせいに声が上がります。「若《わか》い身空で、この恐《おそ》ろしい牢《ろう》の仲間《なかま》入りかい？」

「場合によるね」とジャック。「だけど、まずはあんたたち、いったいどんな罪《つみ》で閉《と》じこめられたか教えてくれないか？」

「罪《つみ》なんかないよ」みんな、すぐ泣《な》きだしました。「おれたちは残酷《ざんこく》な巨人《きょじん》に捕《つか》まってここに入れられ、肉がついてあの化け物どもがそろそろ食《た》べ頃《ごろ》だと思うまで入れておかれるのさ。それからいちばん太ったやつが選《えら》び出されて、食い尽《つ》くされるんだよ」

　ジャックはすぐさま牢《ろう》を破《やぶ》り、気の毒《どく》な人たちを出してやりました。それから巨人《きょじん》のお宝《たから》をさらい出して金銀を山分けし、気の毒《どく》な人たちに苦しみの補償金《ほしょうきん》として持たせ、みんなを連《つ》れて手近な城《しろ》へ行くと、豪勢《ごうせい》な食事をふるまいました。

六

さて、みんなが陽気に解放《かいほう》を祝《しゅく》してジャックのお手柄《てがら》をほめたたえていると、使いが到着《とうちゃく》しました。サンダーデルという、ばかでかい二つ頭の巨人《きょじん》が身内の死を聞きつけて、北の村々へ報復《ほうふく》に向かっている。すでにその城《しろ》から一、二マイル圏内《けんない》に来ており、近隣一帯《きんりんいったい》の民《たみ》は家畜《かちく》を連《つ》れて蜘蛛《くも》の子を散《ち》らすように避難《ひなん》しているそうです。

今いる城《しろ》には庭園があり、小島が浮《う》かぶ堀《ほり》は幅《はば》二十フィート、深さ三十フィート、堀《ほり》の両岸は鋭《するど》くえぐれて跳《は》ね橋がかかっていました。ジャックはためらわずに命令《めいれい》を出し、この跳《は》ね橋のちょうど中間地点に切れ目を入れさせて橋板を一枚《いちまい》だけ残《のこ》しておき、隠《かく》れマントを着てあの魔法《まほう》の剣《けん》をひっさげ、敵《てき》を迎《むか》えに大急ぎで対岸へ渡《わた》りました。

さて、巨人《きょじん》にはもちろんジャックは見えませんが、巨人《きょじん》族の鼻は鋭《するど》いので、臭《にお》いでわかります。だからサンダーデルは名の通り雷《かみなり》のような声をとどろかせました。

「ふーんふん、ふーむふむ！
イングランド人の血の臭《にお》いがするぞ
生きていようが死んでいようが骨《ほね》を
こなごなに挽《ひ》いてパンにしてやる！」

「ほう、そうかい？」ジャックはいつものように朗《ほが》らかです。「じゃ、おまえさんはさしずめ、化け物粉屋《こなや》ってとこだな！」

いわれた巨人《きょじん》は敵《てき》の姿《すがた》をちらとでも見ようと、ほうぼうのぞいて大声を上げました。「そして、きさまはおれの身内を大勢殺《おおぜいころ》してきたあの悪党《あくとう》だな？　じゃあ絶対《ぜったい》に、ばらばらに食いちぎって生き血をすすり、骨《ほね》

をこなごなに挽《ひ》いてくれるわ」

「なら、まずはおれを捕《つか》まえなくちゃ」笑《わら》いながらいうと、ジャックは隠《かく》れマントを脱《ぬ》いで俊足《しゅんそく》スリッパをはくと、巧《たく》みに巨人《きょじん》を誘《さそ》ってきりきり舞《ま》いさせにかかり、羽《はね》のような身軽さで飛《と》んだり跳《は》ねたりしました。かたや、歩く塔《とう》さながらの巨人《きょじん》の図体《ずうたい》ではついていくのも一苦労《ひとくろう》で、一足ごとに大地そのものが揺《ゆ》らぐようです。

この追っかけっこを見た者たちは、笑《わら》って笑《わら》って腹《はら》が裂《さ》けそうになり、ようやくジャックは跳《は》ね橋へ向かうと、一枚《いちまい》きりの橋板を軽《かろ》やかに越《こ》して対岸へたどりつ

き、さんざん敵《てき》を挑発《ちょうはつ》して渡《わた》らせにかかりました。

怒《いか》り狂《くる》う巨人《きょじん》は泡《あわ》を噴《ふ》き、棍棒《こんぼう》を振《ふ》り回《まわ》して全力で追いすがります。ただし当然《とうぜん》ながら、橋の真ん中が重みを支《ささ》えきれずに割《わ》れてしまい、真《ま》っ逆《さか》さまに堀《ほり》へ転げ落ちて鯨《くじら》のように転がり回ってあがきましたが、どこにどう飛《と》びついても抜《ぬ》けだせず、返《かえ》り討《う》ちにあってしまいました。

ジャック自身はなにしろ笑《わら》い転げてしまって、しばらくは野次《やじ》も出てきません。それでもようやくロープを取りにいき、巨人《きょじん》の二つ頭にかけて数頭立ての馬力で岸へ上げ、首めがけて剣《けん》を二度振《ふ》って仕留《しと》めました。

七

ジャックはしばらく面白《おもしろ》おかしく過《す》ごした末《すえ》にまたもそわそわし、仲間《なかま》と別《わか》れて新たな冒険《ぼうけん》を求《もと》めに出かけました。

快調《かいちょう》に飛《と》ばして森越《こ》え谷越《こ》え丘《おか》を越《こ》え、とうとう夜ふけになって、ある高い山陰《やまかげ》にある一軒家《いっけんや》を訪《たず》ねました。

ドアをノックすると、出てきたのは雪白《ゆきじろ》の髪《かみ》の老人《ろうじん》です。

「おとっつぁん」ジャックはいつものように礼儀《れいぎ》正《ただ》しく呼《よ》びかけます。「旅の途中《とちゅう》なんですが、一晩泊《ひとばんと》めてもらえませんか？」

「ああ、いいとも。こんなむさくるしいあばら家へようこそ」といってもらえました。

中へ上がって夕食をすませてから、くつろいで世間話に花を咲《さ》かせます。やがて老人《ろうじん》はジャックのベルトに目を留《と》め、あの名高い巨人退治《きょじんたいじ》の男だと知るや、こんなことをいいだしました。

「お若《わか》いの！　悪い怪物《かいぶつ》をずいぶん倒《たお》しなさった方だね。いやね、この近くに住んどる巨人《きょじん》なら、あんたさんの相手に不足《ふそく》はなかろうよ。あのうんと高い山の上に魔法《まほう》の城《しろ》があってな、持ち主はガリガンチュアという巨人《きょじん》で、美人や勇敢《ゆうかん》な騎士《きし》を大勢《おおぜい》さらって、悪い魔《ま》法使《ほうつか》いに手伝《てつだ》わせて城《しろ》に閉《と》じこめとる。その人たちをありとあらゆる姿《すがた》に変《か》えてな、鳥や獣《けもの》や、そうさなあ、魚や虫に変《か》えられた人までおるよ。囚《とら》われの衆《しゅう》は気の毒《どく》なありさまで生きとられるが、とりわけお父上のお庭からさらわれてきた、さる公爵《こうしゃく》の姫《ひめ》さまは気の毒《どく》でならん。火を吐《は》く竜《りゅう》どものひく炎《ほのお》の車に乗せられ、あっちこっち連《つ》れ回されとる。姫《ひめ》さま自体は白い動物に変《か》えられていてな。これまでずいぶん勇敢《ゆうかん》な騎士《きし》たちが、魔《ま》法《ほう》を解《と》いて元の姿《すがた》に戻《もど》してあげようと頑張《がんば》ったんじゃが、誰《だれ》もうまくいかなかった。というのもな、城《しろ》の入口は二頭の竜《りゅう》が守っておるからよ」

そこでジャックはそれまでさんざん活躍《かつやく》したあの隠《かく》れマントを思い出し、知恵《ちえ》の帽子《ぼうし》をかぶりました。そして、どうしても欠《か》かせない知識《ちしき》を一瞬《いっしゅん》で手に入れました。やがて夜が明けるのを待ちかねてさっそく起き出し、隠《かく》れマントに俊足《しゅんそく》スリッパをはき、あっという間に上に到着《とうちゃく》です！　その城門《じょうもん》を守っているのは二頭のグリフィン――ぎざぎざのしっぽと舌《した》の恐《おそ》ろしい怪物《かいぶつ》でした。

ただし、マントのおかげでジャックの姿《すがた》は見えず、問題なく通れました。

見れば、正門のドアに金色のトランペットが銀の鎖《くさり》で吊《つ》るされ、下には朱《しゅ》の文字でこんな銘《めい》が彫《ほ》りこまれていました。

このトランペットを吹《ふ》き鳴《な》らす者は誰《だれ》であれ
巨人《きょじん》の破滅《はめつ》を招《まね》くであろう
そうすることでこの場の黒魔術《くろまじゅつ》を破《やぶ》り
哀《かな》しみを転じて喜《よろこ》びとなすのだから

読んだジャックは、さっそくトランペットを高らかに吹《ふ》き鳴《な》らしました。

「パッパラパー！　パッパラパー！　パッパラパー！」

すると最初《さいしょ》の音で、早くも城《しろ》全体が大きな土台ごと揺《ゆ》らぎ、ジャックがゆうゆうと吹《ふ》き終わるころには、巨人《きょじん》も魔《ま》法使《ほうつか》いも親指を噛《か》んで髪《かみ》をかきむしり、とうとう悪事のツケを払《はら》うときが来たと悟《さと》ったのです。それでも巨人《きょじん》は棍棒《こんぼう》を手に一暴《ひとあば》れしようとしましたが、ジャックがすかさず魔《ま》法《ほう》の剣《けん》ですっぱり首を飛《と》ばし、ついでに魔《ま》法使《ほうつか》いも同じ目に遭《あ》わせようとしたようです。でも、臆病《おくびょう》なそいつはつむじ風を呼《よ》んで空へ逃《に》げ、姿《すがた》も噂《うわさ》もそれっきりになりました。城内《じょうない》の魔《ま》法《ほう》はそれで解《と》け、勇《ゆう》敢《かん》な騎士《きし》たちと美しいご婦人《ふじん》たちは鳥や獣《けもの》や魚や爬虫類《はちゅうるい》や虫から元の姿《すがた》に戻《もど》れました。白鹿《しろじか》に変《か》えられていたあの公爵《こうしゃく》の姫君《ひめぎみ》も、世にもうるわしい乙女《おとめ》の姿《すがた》であらわれました。そして城《しろ》全体が煙《けむり》と化《か》してたちまち消えたとたん、国じゅうの巨人《きょじん》族もそっくり消えて二度とあらわれなくなったのです。

そんなわけでジャックはガリガンチュアの首を献上《けんじょう》かたがた、助け出したたくさんの騎士《きし》やご婦人方《ふじんがた》を全員まとめて宮廷《きゅうてい》に連《つ》れていき、これでもう自分は御用《ごよう》ずみだと思いました。アーサー王はこれまでの忠勤《ちゅうきん》のほうびにあの公爵《こうしゃく》の姫《ひめ》をめあわせてやり、ふたりの婚礼《こんれい》を国じゅうが喜《よろこ》び祝《いわ》いました。王はさらに広大な領地《りょうち》がついた立派《りっぱ》なお城《しろ》をジャックに授《さず》け、以後《いご》は妻子《さいし》と共《とも》に身を落ちつけ、死ぬまで大いに楽しく暮《く》らすようにはからいましたとさ。

旦那《だんな》のなかの旦那《だんな》さま

あるとき、娘《むすめ》が召使《めしつか》いに雇《やと》ってくれる人を探《さが》しに、市場へ行ったんですって。そして、ようやく、いっぷう変《か》わっている年とった紳士《しんし》に雇《やと》ってもらい、紳士《しんし》の住む家へ連《つ》れていかれました。家に着くと、紳士《しんし》は教えることがあると娘《むすめ》にいうのです。この家では、いろいろな物に自分なりの呼《よ》び方《かた》があるのだよ、ってね。紳士《しんし》は尋《たず》ねました。「わしをなんと呼《よ》ぶかね？」

「旦那《だんな》さま、それとも、ご主人さま、それとも、お気に召《め》しますように」娘《むすめ》はこたえました。

紳士《しんし》はいいました。「〝旦那《だんな》のなかの旦那《だんな》さま〟と呼《よ》ばねばならぬ。では、これをなんと呼《よ》ぶかね?」とベッドを指さしました。

「ベッド、それとも、寝台《しんだい》、それとも、お気に召《め》しますように」

「いや、これはわしの〝ぺったり引っつき〟だ。では、これをなんと呼《よ》ぶかね?」

紳士《しんし》は自分のズボンを指さしました。

「ズボン、それとも、スラックス、それとも、お気に召《め》しますように」

「これは〝ドンパチドンパチ〟と呼《よ》ばねばならぬ。では、あれをなんと呼《よ》ぶかね?」

と猫《ねこ》を指さしました。

「猫《ねこ》、それとも、にゃんこ、それとも、お気に召《め》しますように」

「あれは〝真っ白顔のゆらゆら〟と呼《よ》ばねばならぬ。では、次に」と紳士《しんし》は火を指さしました。「これをなんと呼《よ》ぶかね?」

「火、それとも、ほのお、それとも、お気に召《め》しますように」

「これは〝あつあつのいばりん坊《ぼう》〟と呼《よ》ばねばならぬ。では、これは?」紳士《しんし》は続《つづ》けて水を指さしました。

「水、それとも、液体《えきたい》、それとも、お気に召《め》しますように」

「いや、これは〝流れ者のさらさら〟という名前だ。では、みんなひっくるめて、なんと呼《よ》ぶかね?」紳士《しんし》は家を指さしました。

「屋敷《やしき》、それとも、家、それとも、お気に召《め》しますように」

「これは〝頂《いただき》はるかな山〟と呼《よ》ばねばならぬ」

まさにその夜、召使《めしつか》いの娘《むすめ》が大あわてで主人を起こし、こういったんですって。「旦那《だんな》のなかの旦那《だんな》さま、ぺったり引っつきからお出になり、ドンパチドンパチをお召《め》しになってくださいまし。真っ白顔のゆらゆらの尻尾《しっぽ》に、あつあつのいばりん坊が飛《と》び散《ち》りましたんでございます。流れ者のさらさらをかけませんと、頂《いただき》はるかな山は、あつあつのいばりん坊にすっかり包《つつ》まれてしまい……」

ということで、おしまい!!

ディック・ウィッティントンと猫《ねこ》

五百年以上《いじょう》も前のこと、ディック・ウィッティントンという男の子がいました。これは本当の話なんですよ。まだ小さくて働《はたら》けないころに、父さんと母さんが死んでしまったので、幼《おさな》いディックはかわいそうなことに、生きていくのにたいそう困《こま》りました。ときどき、ジャガイモの皮や、ひからびたパンの切れっぱしをもらえたら大ごちそうで、それよりもましな食べ物には、めったにありつけません。ディックが住んでいた村はひどく貧《まず》しかったので、近所の人たちはディックにあれこれ恵《めぐ》んでやれなかったのです。

さて、そのころのイギリスの田舎《いなか》の人たちは、ロンドンに住んでいるのは立派《りっぱ》な奥《おく》さまや旦那《だんな》さまばかりで、一日じゅう歌ったり踊《おど》ったりしていて、誰もが大金持ちなので、道路には金《きん》が敷《し》いてあるらしいと思っていました。ディックはそんな豊《ゆた》かなロンドンの珍《めずら》しい話を、聞くともなしにたくさん聞いていたものですから、ロンドンに行って、そこに住み、おなかいっぱい食べて、きれいな服を手に入れたくてたまりませんでした。田舎《いなか》にいたのでは、ぼろを着て、おなかをすかせているしかありませんからね。

そんなある日のこと、八頭の馬に引かれた大きな荷馬車が村を通りかかって休んだとき、ディックはその御者《ぎょしゃ》と仲良《なかよ》くなり、ロンドンへ連《つ》れていってほしいと頼《たの》みました。御者《ぎょしゃ》は、幼《おさな》いディックが父さんも母さんもいなくて面倒《めんどう》を見てもらえないと聞いて、気の毒《どく》に思いました。また、どれほどぼろぼろの服を着ていて、どれほど助けが必要《ひつよう》かわかりましたので、連《つ》れていくことにしました。こうして、ふたりは一緒《いっしょ》に出発したのです。

どのくらい遠かったのか、何日くらいの旅だったのかは、わかりません。でも、やがて、ディックは何度も話に聞き、さぞや見事だろうと思《おも》い描《えが》いていたすばらしい都に着きました。けれど、なんとまあ！　そこに着いたディックは、心底《しんそこ》がっかりしました。なんて汚《きたな》いところだったことか！　おまけに、そこに住んでいるのは、夢《ゆめ》に見ていたような歌ったり踊《おど》ったりしている陽気な人たちとは大違《おおちが》い！　ディックは道という道を、あっちへこっちへと疲《つか》れ果《は》てるまで歩きまわりましたが、金《きん》が敷《し》いてある道などひとつも見つかりません。目に入るのは泥《どろ》ばかりで、拾ってポケ

ットに入れようと思っていた金《きん》は少しもありませんでした。
すっかりくたびれるまで歩きまわるうち、あたりが暗くなってきました。とうとう、幼《おさな》いディックは道端《みちばた》に座《すわ》りこんで眠《ねむ》ってしまいました。朝になると、とても寒く、おなかがすいていましたので、何か恵《めぐ》んでくださいと会う人ごとに頼《たの》みましたが、ほんのひとりふたりが、パンを買うようにと半ペニーくれただけです。二、三日はこんなふうにして道端《みちばた》で過《す》ごし、なんとか飢《う》え死《じ》にせずにすみましたし、そのあとは干草畑《ほしくさばたけ》で働《はたら》く仕事をやっと見つけ、しばらく無事《ぶじ》に暮《く》らせましたが、それも干草《ほしくさ》作りが終わるまでのことでした。
その後は以前《いぜん》と変《か》わらぬひどい毎日が続《つづ》き、どうしたらいいのかさっぱりわかりません。ある日、あちこちをさまよったあげく、フィッツウォレンというお金持ちの商人の家の前に来たとき、ディックは立っていられず、横になって休むしかありませんでした。ところが、すぐにその家の料理《りょうり》女に見つかってしまったのです。その女は意地悪で怒《おこ》りっぽく、ディックを追《お》い払《はら》おうと大声でどなりました。「なまけ者の坊主《ぼうず》め」料理《りょうり》女はこう続《つづ》けました。「とっとと、よそへ行きな。でないと、皿を洗《あら》ったあとの汚《きたな》い湯をいますぐぶっかけるよ。煮《に》えたぎってて熱《あつ》いやつをね」けれど、ちょうどそのとき、ご主人のフィッツウォレン氏《し》が食事をとりに家へ帰ってきて、何があったかを見てとると、なぜそこに寝《ね》ころんでいるのかと尋《たず》ねました。「働《はたら》けるくらいの年ごろにはなっているだろう、坊《ぼう》や。どうやら、なまけ者のようだね」

「いえいえ、とんでもない、旦那《だんな》さま」ディックはフィッツウォレン氏《し》にいいました。「けっして、なまけ者なんかじゃありません」そして、どれほど懸命《けんめい》に仕事を見つけようとしたか、食べ物がないのでどれほど力が出ないのか、訴《うった》えました。かわいそうなディックは、いまやあまりにも弱っていて、いくら立とうとしても、また横になるしかありません。もう三日以上《いじょう》も食べ物らしいものを口に入れていないのです。すると、その商人は親切にもディックを家へ入れて、たっぷり食事をさせたうえ、この家にいて料理《りょうり》女の手伝《てつだ》いをできるだけやりなさいといってくれました。

というわけで、ディックはこの親切な家で、なんとも幸せに暮《く》らせたはずですが、それは意地悪な料理女《りょうり》がいなかったらの話で、料理女《りょうり》は何かにつけてディックにつらくあたりました。朝から晩《ばん》まで、しょっちゅうディックを叱《しか》りつけるのです。デイックのすることなすこと、気に入らないのでした。「ぼやぼやしてるんじゃないよ」だの、「さっさとおし」だのと、文句《もんく》たらたらです。おまけに、ほうきの柄《え》であれ、お玉であれ、なんでも手にしていたもので、ディックを何度も叩《たた》きました。

しまいに、料理女《りょうり》がディックにひどい仕打ちをしていることが、フィッツウォレン氏《し》の娘《むすめ》、アリスお嬢《じょう》さまの耳に入りました。そこで、アリスお嬢《じょう》さまは料理女《りょうり》にいいわたしました。ディックにもっとやさしくしてやらなかったら、すぐに料理女《りょうり》をやめさせるわよ、ってね。ディックはこの家族からたいへん好《す》かれるようになっていたのです。

おかげで、料理女《りょうり》のふるまいは少しましになりましたが、ディックはまだ別《べつ》のつらいことに悩《なや》まされていました。ディックが寝《ね》るのは屋根裏《やねうら》部屋なのですが、そこの壁《かべ》や床《ゆか》にはたくさんの穴《あな》があいていて、毎晩《まいばん》、寝床《ねどこ》に横になると、大きいネズミやら小さいネズミやらが、わんさと部屋に出てくるので、ろくろく眠《ねむ》れないときがあるのです。ある日、ひとりの紳士《しんし》から、靴《くつ》を磨《みが》いたお駄賃《だちん》にと一ペニーもらったとき、ディックは猫《ねこ》を抱《だ》いている女の子を見かけたので、売ってくれないかと聞いてみました。いいわよ、この牝猫《めすねこ》はネズミをよくとるから、売っちゃうのはおしいんだけど、と女の子はこたえました。そういう猫《ねこ》なら、ディックにぴったりです。ディックはその牝猫《めすねこ》を屋根裏部屋《やねうら》で飼《か》い、毎日、自分の食事を少し残《のこ》しておいて牝《めす》猫《ねこ》にやりました。ほどなく、ディックは大きいネズミにも小さいネズミにも、まったく悩《なや》まされなくなりました。猫《ねこ》がネズミを退治《たいじ》してくれたおかげで、毎晩《まいばん》ぐっすり眠《ねむ》れるようになったのです。

まもなく、フィッツウォレン氏《し》は船を出して商売をする準備《じゅんび》を整えました。そんなときは、自分だけでなく召使《めしつか》いのみんなにも運試《だめ》しのチャンスを与《あた》える習わしにしていたので、召使《めしつか》い全員を帳場に集め、それぞれ何を船に乗せるのか尋《たず》ねました。誰《だれ》もが思いきって商《あきな》ってみようとするものを持っていましたが、かわいそうなディックだけはお金も品物もないので、何も出せません。そのため、ほかの召使《めしつか》いと違《ちが》って、帳場へ入っていきませんでした。けれど、アリスお嬢《じょう》さまが事情《じじょう》を察《さっ》して、ディックを呼《よ》びにやりました。そして、こういったのです。「ディックの代わりに、わたしがお金を少し出すわ」けれど、父親は娘《むすめ》に、それはいけない、自分が持っているものでなくてはならないのだよ、といいました。

これを聞いて、ディックはいいました。「ぼくが持ってるものなんて、何もありません。猫《ねこ》はいますけど。ちょっと前に一ペニーで買ったんです」

「では、坊《ぼう》や、その猫《ねこ》を持ってきなさい」とご主人がいいました。「その猫《ねこ》を船に乗せていこう」

ディックは上へ行って、みすぼらしい牝猫《めすねこ》を連《つ》れてきました。けれど、牝猫《めすねこ》を船長に渡《わた》すとき、目に涙《なみだ》が浮《う》かびました。「ああ、これからは大きなネズミやら小さなネズミやらに邪魔《じゃま》されて、ひと晩《ばん》じゅう眠《ねむ》れなくなるんだなあ」商品にするには変《か》わっているものを見て、そこにいた人たちは笑《わら》います。アリスお嬢《じょう》さまはディックをかわいそうに思い、別《べつ》の猫《ねこ》を買うようにと、お金を少しやりました。

さて、アリスお嬢《じょう》さまがそんなことをしたり、ほかにもディックにやさしくしたりするので、意地悪な料理《りょうり》女はかわいそうなディックにやきもちを焼《や》き、前よりもいっそうディックをこき使うようになりました。おまけに、猫《ねこ》を商売の船に乗せるなんてと、しょっちゅうからかって、こういうのです。「おまえの猫《ねこ》を売ったら、いくらになるんだろうねえ。おまえをぶってやる棒《ぼう》きれを買えるくらいのお金になるのかねえ」

ついに、もはやディックはそういう仕打ちにほとほと我慢《がまん》ができなくなり、逃《に》げ

だそうと思いました。そこで、わずかな荷物を包《つつ》み、十一月の一日、ハロウィーンの日に、朝とても早く家を出ました。そして、ハロウェイというところまで来たとき、石に腰《こし》かけて休みました。この石は、いまでも「ウィッティントンの石」と呼《よ》ばれているということですよ。そこで、ディックはどっちの道を行こうかと考えはじめました。
どうしたらいいかなと、まだ考えているとき、ボウ教会の鐘《かね》が鳴りはじめました。ディックにはその鐘《かね》が、こんなふうに何度も繰《く》り返しているように聞こえたのです。
「戻《もど》れ、ウィッティントンよ

ロンドンの市長さまよ」

「ロンドンの市長さまだって！」ディックはつぶやきました。「へえ、このぼくが大人になったら、必《かなら》ずロンドンの市長さまになって立派《りっぱ》な馬車に乗れるっていうんなら、なんだって我慢《がまん》してみせるぞ！ ようし、戻《もど》ろう。いまにロンドンの市長さまになれるんなら、あのおいぼれ料理女《りょうりおんな》に殴《なぐ》られようが、どやされようが、気にするもんか！」

そこでディックは引き返し、料理女《りょうりおんな》が起きて下りてくる前に運よく家へ入り、仕事にかかることができました。

さて、話《はなし》変《か》わって、そのあいだ、ディックの牝猫《めすねこ》はどうしていたでしょうか。ユニコーン号が長い航海《こうかい》を続《つづ》けているあいだ、牝猫《めすねこ》は船に住む困《こま》ったネズミの退治《たいじ》でも、大活躍《だいかつやく》していたんですよ。やがて、船はバーバリーという土地の海岸にある港へ入りました。そこにいるのはムーア人ばかりです。ムーア人たちはそれまでイギリスから来た船を見たことがなかったので、船乗りたちを見物しにぞろぞろとやってきました。肌《はだ》の色も服も異《こと》なるイギリス人は、ムーア人にとっては大きな驚《おどろ》きだったのです。まもなくムーア人たちは、船に積《つ》んである品物をぜひ買いたいといい出しました。なかでもすばらしい品は、バーバリーの王さまにさしあげるため、陸《りく》にあげられました。王さまはその品々をことのほか喜《よろこ》び、船長を宮殿《きゅうでん》での食事に招《まね》きました。ところが、その国のしきたり通り、床《ゆか》に敷《し》いてある立派《りっぱ》な絨毯《じゅうたん》に王さまと船長が座《すわ》るが早いか、ものすごい数の大きなネズミやら小さなネズミやらが押《お》し寄《よ》せてきて、ごちそうというごちそうに群《むら》がり、ふるまわれるはずだったおいしい料理《りょうり》をすっかり平らげてしまったのです。船長は驚《おどろ》き、こんな汚《きたな》らしい生き物を気持ち悪いと思わないなんて、と面食《く》らいました。

「いえいえ、とんでもない」とムーア人たちはこたえました。「思いますとも。こいつらを退治《たいじ》できたら、王さまは宝物《たからもの》の半分をくださるでしょう。なにしろ、こいつらは王さまのお食事をだいなしにしてしまうばかりか、夜のお休み中にも襲《おそ》いかかるものだから、王さまは気が気ではなく、眠《ねむ》っているあいだずっと見張《みは》り番《ばん》を置《お》いていらっしゃるほどなんですよ」

船長はこれを聞いて、飛《と》び上がるほどうれしくなりました。あのかわいそうなディック・ウィッティントンと猫《ねこ》のことが、ぱっと頭に浮《う》かんだからです。そこで、船にいるある生き物をここへ連《つ》れてくれば、この厄介者《やっかいもの》どもをすぐさまきれいに追《お》っ払《ぱら》ってくれますよ、といいました。そうと聞いた王さまは、もちろん、そのすばらしい生き物をぜひにとほしがりました。

「すぐにその生き物をここへ連《つ》れてきてくだされ」と王さまはいいました。「あの厄介者《やっかいもの》どもには、つくづくうんざりしておるのだ。そなたのいった通りのことをその生き物がしてくれさえしたら、わしはその代わりに金《きん》や宝石《ほうせき》をそなたの船に積《つ》みましょう」

船長は商売上手でしたので、ディックの牝猫《めすねこ》を安売りしないよう心がけました。猫《ねこ》を手離《てばな》したらどれほど困《こま》るかを、王さまに話して聞かせたのです。「あの牝猫《めすねこ》がいなくなったら、ネズミが船の積荷《つみに》をだいなしにしてしまうかもしれません。ですが、王さまのためとあらば、お持ちしましょう」

「さあ、さあ、急いでくださいな！」お妃《きさき》さまがせかしました。「わたくしも、そのすてきな生き物を見たくてたまりませんわ」

そこで、ごちそうがあらたに用意されているあいだ、船長は船へとって返しました。猫《ねこ》を腕《うで》に抱《かか》えて宮殿《きゅうでん》へ戻《もど》ると、ちょうど、大きいネズミやら小さいネズミやらがまた絨毯《じゅうたん》を埋《う》めつくしています。猫《ねこ》はそれを見るや、何もいわれないのに船長の腕《うで》から飛《と》びだし、あっというまに大きなネズミやら小さいネズミやらをあらかた殺《ころ》して足元に転がしました。残《のこ》りのネズミは命からがら巣穴《すあな》へ逃《に》げこみました。

王さまはあれほどの悩《なや》みがいともたやすく片《かた》づいたとあって、大喜《おおよろこ》びしました。

お妃《きさき》さまは、これほど役立つことをしてくれた生き物をそばに連《つ》れてきてほしいとお望《のぞ》みです。そこで、船長が「にゃんこ、にゃんこ、にゃんこ」と呼《よ》ぶと、猫《ねこ》が駆《か》け寄《よ》ってきましたので、船長は猫《ねこ》をお妃《きさき》さまにさしだしました。お妃《きさき》さまははじめのうち、爪《つめ》でネズミを殺《ころ》してまわった生き物にさわるのをちょっとこわがっていました。けれど、船長が猫《ねこ》を「にゃんこ、にゃんこ」と呼《よ》んでなでてみせますと、お妃《きさき》さまも思いきって猫《ねこ》に触《ふ》れ、船長の真似《まね》をして、「にんこ、にんこ」と声をかけました。よその国の言葉を話したことがなかったので、うまくいえなかったのですね。そのあと、船長が猫《ねこ》をお妃《きさき》さまの膝《ひざ》にのせますと、猫《ねこ》はごろごろと喉《のど》を鳴らし、お妃《きさき》さまの手にじゃれついたあと、すとんと眠《ねむ》ってしまいました。

王さまはこの牝猫《めすねこ》のお手柄《てがら》を見て、その子猫《こねこ》たちがやがて国じゅうに増《ふ》え、ネズミをすっかり退治《たいじ》してくれるだろうとわかりました。そこで、船に積《つ》んできたもの全部の値段《ねだん》について船長と話し合ったとき、猫《ねこ》にはほかの品物すべてを合わせた値《ね》段《だん》の十倍も払《はら》ったのです。

そのあと、船長はバーバリーの宮殿《きゅうでん》に別《わか》れを告《つ》げ、長いあいだ船旅をして、どっさり積《つ》まれた高価《こうか》な金《きん》や宝石《ほうせき》を無事《ぶじ》にロンドンまで運びました。

ある朝早く、フィッツウォレン氏《し》が店の帳場へ行き、お金を勘定《かんじょう》しようと机《つくえ》の前に腰《こし》を下ろしたちょうどそのとき、ドアをノックする音がしました。「どなたです？」とフィッツウォレン氏《し》が尋《たず》ねると、「友だちです。あなたの船、ユニコーン号のよい知らせを持ってまいりましたよ」と返事がありました。フィッツウォレン氏《し》が急いでドアをあけると、そこにいたのはほかでもない、船長と副《ふく》船長でした。宝石《ほうせき》の入った箱と、積荷《つみに》の勘定書《かんじょうが》きを持っています。これを見たフィッツウォレン氏《し》は天を仰《あお》ぎ、航海《こうかい》が成功《せいこう》したことに感謝《かんしゃ》したのでした。

正直者の船長は、ついで、猫《ねこ》のことをすっかり話し、王さまが猫《ねこ》の代金としてかわいそうなディックにくれたすばらしい贈《おく》り物を見せました。フィッツウォレン氏《し》は自分がたっぷり儲《もう》かったことと同じように、ディックのために大喜《おおよろこ》びして、ディックを連《つ》れてくるよう召使《めしつか》いたちに大声で命じました。

「ディックを連《つ》れてきなさい。この大成功《だいせいこう》を知らせようそうだ、これからはディックのことを名字でウィッティントンさんと呼《よ》ぼう」

召使《めしつか》いたちのなかには、これをよしとせず、それほどたくさんの宝物《たからもの》はディックのような子どもにはもったいないという者もいました。けれど、フィッツウォレン氏《し》はいい人でしたし、そのときもまったく変《か》わらず、ほんの一ペニーすら横取りしようとしませんでした。「とんでもない！」とフィッツウォレン氏《し》は力をこめていいました。「あれはすべてあの子のものだから、一ファージング残《のこ》らず渡《わた》すつもりだよ」

というわけで、フィッツウォレン氏《し》はディックを呼《よ》びにやりました。ディックはちょうどそのとき料理女《りょうり》にいいつけられて鍋《なべ》を磨《みが》いているところで、汚《よご》れて真っ黒でした。そんなありさまなので、ディックは帳場に入るのを断《ことわ》ろうとしましたが、フィッツウォレン氏《し》はディックを入らせたうえ、椅子《いす》まで用意しました。それを見たディックは、てっきりからかわれているのだと思って、こういいました。「ちっぽけでかわいそうな子どもに悪ふざけをするのは、勘弁《かんべん》してください。どうか下の洗《あら》い場《ば》の仕事に戻《もど》らせてください」

「まあまあ、ウィッティントンさん、わたしたちはみんな大真面目《おおまじめ》なんですよ」とフィッツウォレン氏《し》はいいました。「このふたりが持ち帰った知らせに、わたしは心から喜《よろこ》んでおりましてね。船長があなたの猫《ねこ》をバーバリーの王さまに売って、わたしがこの世に持っているよりも多くの富《とみ》をあなたに運んできたんです。さあ、これからいつまでも不自由《ふじゆう》なくお過《す》ごしくださいますように！」

そのあと、フィッツウォレン氏《し》は船長たちが運んできた宝《たから》の大きな箱を男たちに開かせて、いいました。「よし、あとはウィッティントンさんが、これを安全なところへおしまいになるだけだ」

ディックはうれしくて、どうしたらよいものかわかりません。これはみんな親切なご主人のおかげなのだから、どうぞ好《す》きなだけ宝《たから》をお取りくださいといいました。けれど、フィッツウォレン氏《し》は断《ことわ》りました。「いやいや、これはみんな、あなたのものですよ。あなたならきっと上手に使えるでしょう」

次に、ディックはフィッツウォレン氏《し》の奥《おく》さまとアリスお嬢《じょう》さまに、この宝《たから》の山から少し受け取ってくださいと頼《たの》みました。それでも、ふたりは受け取らず、ディックが大成功《だいせいこう》をおさめたことをたいへんうれしく思うといいました。けれど、ディックはとても気持ちがやさしかったので、宝《たから》を独《ひと》り占《じ》めすることができません。そこで、船長や、副《ふく》船長や、ほかのフィッツウォレン氏《し》の召使《めしつか》いたちみんなに、贈《おく》り物をしました。いつもつらくあたってきた、あの意地悪な料理《りょうり》女にもですよ。

このあと、フィッツウォレン氏《し》は、仕立て屋を呼《よ》びにやって紳士《しんし》にふさわしい服をお召《め》しになったらどうでしょう、とディックに勧《すす》め、もっとすばらしい屋敷《やしき》を手に入れるまで、ぜひこの家に住んでいてください、といいました。

ディック・ウィッティントンが顔を洗《あら》って、髪《かみ》をカールさせ、さっそうとした服を身につけると、フィッツウォレン氏《し》を訪《たず》ねてきたどの若者《わかもの》にも劣《おと》らないほど立派《りっぱ》で上品になりました。それまでディックを哀《あわ》れんで心から親切にしてきた美しいアリス・フィッツウォレンも、そう思いました。それどころか、いまではディックを恋人《こいびと》のように愛《いと》しく感じるようになっていたのです。それもそのはず、なにしろ、ウィッティントンはお嬢《じょう》さまを喜《よろこ》ばせるために何ができるかをいつも考えていましたし、これ以上《いじょう》はできないようなすてきな贈《おく》り物《もの》をしたのですから。

まもなく、フィッツウォレン氏《し》がふたりの気持ちを見て取り、結婚《けっこん》してはどうかねと勧《すす》めたところ、ふたりはどちらも喜《よろこ》んでこの申し出を受け入れました。結婚式《けっこんしき》の日はすぐに決まり、教会での式には、ロンドンの市長さま、市議会《しぎかい》の長老議員《ちょうろうぎいん》たち、州の長官《ちょうかん》たち、ロンドンの大勢《おおぜい》の裕福《ゆうふく》な商人たちが出席《しゅっせき》しました。そして、式のあと、出席者《しゅっせきしゃ》にはとびきりのごちそうがふるまわれたのでした。

歴史《れきし》によりますと、ウィッティントン氏《し》とその奥方《おくがた》は華《はな》やかな生活を送り、たいそう幸せに暮《く》らしたということです。何人かの子どもにも恵《めぐ》まれました。ウィッティントン氏《し》は一度、州の長官《ちょうかん》になり、三度、ロンドンの市長になり、イギリスの王さま、ヘンリー五世からナイトの爵位《しゃくい》を授《さず》かりました。

ヘンリー五世がフランスを征服《せいふく》したあと、リチャード・ウィッティントン卿《きょう》は王さまと王妃《おうひ》さまをロンドン市長の公邸《こうてい》に招《まね》いて、このうえなく豪華《ごうか》な食事をふるまいました。このとき、王さまは、「これほどの家来に恵《めぐ》まれた王は、かつてひとりもおらぬな！」と仰《おお》せになったそうです。それに対して、リチャード卿《きょう》は次のようにこたえたのでした。「これほどの王をいただいた家来は、かつてひとりもおりません」とね。

ジャックの運《うん》試《だめ》し

むかしむかしジャックという男の子がいて、ある朝、運試《うんだめ》しの旅に出かけました。そして、まもなく猫《ねこ》に出会いました。

「どこ行くの、ジャック?」と、猫《ねこ》に尋《たず》ねられます。

「運試《うんだめ》しの旅に」

「おれも行っていい?」

「いいよ、仲間《なかま》は多いほうがにぎやかだもの」

その先はジャックと猫《ねこ》で足どり軽く、シャンシャンシャンシャン、シャンシャンシャカシャ

JIGGELTY-JOLT

ン、シャンシャンシャン！
少し先で、犬に出会いました。

「どこ行くの、ジャック？」と、犬に尋《たず》ねられます。

「運試《うんだめ》しの旅に」

「おれも行っていい？」

「いいよ、仲間《なかま》は多いほうがにぎやかだもの」

こうして旅の仲間《なかま》に犬が増《ふ》えましたよ！　ジャックと猫《ねこ》と犬で、シャンシャンシャン、シャンシャカシャン、シャンシャンシャン！

少し先で、ヤギに出会いました。

「どこ行くの、ジャック？」と、ヤギに尋《たず》ねられます。

「運試《うんだめ》しの旅に」

「おれも行っていい？」

「いいよ、仲間《なかま》は多いほうがにぎやかだもの」

こうして旅の仲間《なかま》にヤギが増《ふ》えましたよ！　ジャックと猫《ねこ》と犬とヤギで、シャンシャンシャン、シャンシャカシャン、シャンシャンシャン！

少し先で、牡牛《おうし》に出会いました。

「どこ行くの、ジャック？」と、牡牛《おうし》に尋《たず》ねられます。

「運試《うんだめ》しの旅に」

「おれも行っていい？」

「いいよ、仲間《なかま》は多いほうがにぎやかだもの」

こうして旅の仲間《なかま》に牡牛《おうし》が増《ふ》えましたよ！　ジャックと猫《ねこ》と犬とヤギと牡牛《おうし》で、シャンシャンシャン、シャンシャンシャカシャン、シャンシャンシャンシャン！

少し先で、おんどりに出会いました。

「どこ行くの、ジャック？」と、おんどりに尋《たず》ねられます。

「運試《うんだめ》しの旅に」

「おれも行っていい？」

「いいよ、仲間《なかま》は多いほうがにぎやかだもの」

こうして旅の仲間《なかま》におんどりが増《ふ》えましたよ！　ジャックと猫《ねこ》と犬とヤギと牡牛《おうし》とおんどりで、シャンシャンシャンシャン、シャンシャンシャカシャン、シャンシャンシャンシャン！

みんなでシャンシャンシャンシャンと楽しく進んでいくうちにとっぷり日が暮《く》れて、そろそろ泊《と》まれるあてを探《さが》さないといけなくなりました。まもなく見えた一軒《けん》の家を偵察《ていさつ》に行くことにしたジャックは、連《つ》れのみんなをその場で静《しず》かに待たせておきました。そうして中をのぞいてみたら、どろぼうの一団《いちだん》がテーブルを囲《かこ》んで、大きな袋《ふくろ》にどっさりの金貨《きんか》を数えているではありませんか！

「あの金貨《きんか》は、おれが全部いただきだ」ジャックは思いました。「早くもツキが回ってきたぞ」

やがて仲間《なかま》のところへ戻《もど》ると、合図があるまで静《しず》かにしていて、それぞれとっておきの大声でいっせいに大騒《おおさわ》ぎしてくれと頼《たの》みました。それでみんな準備《じゅんび》して、ジャックの合図でいっせいに、猫《ねこ》はニャーニャー、犬はワンワン、ヤギはメエメエ、牡牛《おうし》はモーモー、おんどりはコケコッコーと、そりゃあとんでもない大騒《おおさわ》ぎ。おかげでどろぼうたちはびっくり仰天《ぎょうてん》、金貨《きんか》をほっぽらかして逃《に》げだしました。ジャックと仲間《なかま》は大笑《おおわら》い、かわりに家に入っていって、金貨《きんか》をそっくりいただきです。

それでもジャックは頭がいいから、あのどろぼうたちが夜中にこっそり金貨《きんか》を取りに戻《もど》るはずだと見越《みこ》していました。そこで寝場所《ねばしょ》の割《わ》り当てにかかり、猫《ねこ》には安楽椅子《いす》を、犬にはテーブルの下を、ヤギには二階を、牡牛《おうし》には地下室を、おんどりには屋根のてっぺんをあてがいました。

そこまでやって、自分も寝《ね》ました。

やがて案《あん》の定《じょう》、どろぼうたちはひっそり寝静《ねしず》まった真夜中に、仲間《なかま》のひとりを家にやって金のありかを探《さぐ》らせました。ところが、そいつはじきにほうほうのていで逃《に》げてくると、身の毛がよだつような話をするじゃありませんか！

「入ることは入ったんだが、安楽椅子《いす》にかけようとしたら、ばばあが編《あ》み物していやがって、あいたっ！――編《あ》み針《ばり》でぶすりとやられた」

（ほんとは猫《ねこ》ですけどね）

「それから金貨《きんか》のテーブルへ行くと、下にもぐってた靴直《くつなお》しに、あいたっ！――千《せん》枚通《まいどお》しで刺《さ》されちまった」

（ほんとは犬ですけどね）

「それで二階へあがろうとしたら、上でばたばた脱殻《だっこく》してたやつに、ああもう！からざおでさんざんぶたれた」

（ほんとはヤギですけどね）

「だから地下へ逃《に》げこもうとしたら――ああ助けてくれぇ！　薪割《まきわ》りのやつがいてよう、斧《おの》でぶたれた。上から下までさんざんぶちのめされたよ」

（ほんとは牡牛《おうし》ですけどね）

「そこまではいいとして、屋根におっかねえちびがいやがってさ、台所のえんとつの上でずーっと騒いでんだよ。「捕《つか》まえろー！　こけろ！　こけろー！」」

（もちろん、おんどりが鳴いたんですけどね）

それを聞いたどろぼう一味は、金貨《きんか》は惜《お》しいが命をなくしちゃかなわんと逃《に》げていき、朝になるとジャックはぶんどった金貨《きんか》をみやげに景気《けいき》よく戻《もど》っていきました。仲間《なかま》たちもちゃあんと分け前をもらいましたよ。猫《ねこ》は袋《ふくろ》に入れてしっぽにぶらさげ（歩く時はいつも、しっぽをぴんとさせてるからね）、犬は首輪《くびわ》につけ、ヤギと牡牛《おうし》は角にぶらさげました。だけど、おんどりだけは口に一枚《いちまい》くわえてお帰りといわれたんですよ。だってそうでもしないと、ちっとも黙《だま》らずに鳴きっぱなしなんですもの。

コケコッコー、コケコッコー！

捕《つか》まえろー！　こけろ！　こけろー！

姉さんと妹

むかしむかし、姉さんと妹がいて、そっくりなことといったら、ひとつのさやに入っているふたつの豆みたいでした。けれど、ひとりは気立てがよくて、もうひとりは意地悪だったんですよ。あるとき、父さんに仕事がなくなってしまったので、姉妹は奉公《ほうこう》に出ようかと考えはじめました。

「先にあたしが行って、どんな具合かやってくるわよ」妹がとびきりほがらかにいいました。「もしうまくいったら、そのあと姉さんが行ってみればいいわ」

そんなわけで、妹は荷物をまとめ、別《わか》れをつげて、奉公先《ほうこうさき》を探《さが》しにいきました。ところが、町では娘《むすめ》をやとってくれる人など、誰《だれ》ひとりいません。妹はもっと遠い田舎《いなか》のほうへ出ていきました。歩いていると、たくさんのパンを焼《や》いているかまどがありました。そのそばを通りすぎようとしたとき、パンがいっせいに叫《さけ》びました。

「娘《むすめ》さん！　娘《むすめ》さん！　取りだしとくれ！　取りだしとくれ！　もう七年も焼《や》かれ

てるのに、誰《だれ》も取りだしにきてくれないんだ。取り出してもらえなかったら、もうすぐ黒こげになっちゃうよ！」

妹はやさしくて親切だったので、立ち止まって荷物を下ろすと、パンを取りだしてやりました。「さあ、これでほっとできるでしょ」そして、先へと歩き続《つづ》けました。

しばらくすると、牝牛《めうし》がからっぽのおけのそばでモーモー鳴いていました。牝牛《めうし》は妹にいいました。「娘《むすめ》さん！ 娘《むすめ》さん！ 乳《ちち》をしぼっとくれ！ どうか乳《ちち》をしぼっとくれ！ 七年も待ってるのに、誰《だれ》も乳《ちち》をしぼりにきてくれないんだ！」

そこで、親切な妹は立ち止まって荷物を下ろすと、牝牛《めうし》の乳《ちち》をおけのなかにしぼってやりました。「さあ、これでほっとできるでしょ」そして、先へと歩き続《つづ》けました。

やがて、りんごが鈴《すず》なりで枝《えだ》が折《お》れそうな木がありました。りんごの木は妹に声をかけました。「娘《むすめ》さん！ 娘《むすめ》さん！ 枝《えだ》を揺《ゆ》さぶっとくれ。りんごが重くて、まっすぐ立ってられないんだ！」

そこで、親切な妹は立ち止まって荷物を下ろすと、枝《えだ》を揺《ゆ》さぶってりんごを落とし、木がまっすぐ立てるようにしてやりました。「さあ、これでほっとできるでしょ」そして、先へと歩き続《つづ》けました。

こんなふうにどんどん進んでいくと、ある家がありました。そこには魔法使《まほうつか》いのおばあさんが住んでいて、おばあさんは女中がほしいと思っていたので、お給金《きゆうきん》をたっぷり払《はら》うと約束《やくそく》しました。そこで、妹はその家にいて、奉公《ほうこう》が気に入るかどうかやってみることにしました。仕事は床《ゆか》のはき掃除《そうじ》と、家をきれいに片《かた》づけておくことと、火を赤々と勢《いきお》いよく燃《も》やしておくことです。ひとつだけ、やってはならないといわれたことがありました。それは、煙突《えんとつ》を下からのぞくことです！

「のぞいたりしたら、何かが上から落ちてきて、おまえはひどい目にあうよ」と魔法使《まほうつか》いのおばあさんはいいました。

さてさて！　妹は床《ゆか》をはき、ちりを払《はら》い、火を燃《も》やしました。けれど、お給金《きゆうきん》は一ペニーももらえません。おまけに、おばあさんのために働《はたら》くのが好《す》きではなかったので、家へ帰りたくなりました。おばあさんは赤《あか》ん坊《ぼう》を煮《に》て夕ごはんにして、その骨《ほね》を庭の石の下に埋《う》めるのです。でも、妹はお金を一ペニーも持たずに家へ帰るのはいやでした。そこで、そのままおばあさんのところにいて、床《ゆか》をはいたり、ちりを払《はら》ったりと、よろこんでやっているかのように自分の仕事を続《つづ》けていました。

すると、ある日、暖炉《だんろ》の下の灰《はい》をはき寄《よ》せているとき、ススがぽろりと落ちてきました。妹は、ススがどこから落ちてきたのかと思い、煙突《えんとつ》を下からのぞいてはいけないことを忘《わす》れて、見上げました。するとなんとしたことでしょう！　金貨《きんか》がぎっしりつまった大きな袋《ふくろ》が、妹の膝《ひざ》にどさっと落ちてきたではありませんか。

そのとき、おばあさんは魔《ま》法《ほう》の用事でたまたま出かけて留《る》守《す》だったので、妹は家へ帰るのにおあつらえ向きだと思いました。

そこで、妹はスカートをはしょって家のほうへ走りはじめましたが、ほんの少しか行かないうちに、魔《ま》法《ほう》使《つか》いのおばあさんがほうきの柄《え》にまたがって追いかけてくる音が聞こえました。ちょうど、妹がまっすぐに立たせてやったりんごの木がすぐそばにあったので、急いで行って大きな声で頼《たの》みました。

「りんごの木さん！　りんごの木さん、あたしを隠《かく》して魔《ま》法《ほう》使《つか》いのおばあさんに見つからないようにでないと、あたしは骨《ほね》にされて庭の石の下に埋《う》められちゃう」

すると、りんごの木がいいました。「もちろん、隠《かく》してやるとも。あんたはわたしがまっすぐ立てるようにしてくれたからね。いいことをすりゃ、いいことをしてもらえるってもんだ」

そんなわけで、りんごの木は緑の枝《えだ》でうまく妹を隠《かく》してやりました。そこへ、魔《ま》法使《ほうつか》いのおばあさんが飛《と》んできました。

「うちの木！　ちょいと、うちの木！　いうことを聞かないうちの女中がふくらんだ大きい袋《ふくろ》を持ってくのを、見なかったかえ？　あたしの金をそっくり、有り金ぜんぶ、盗《ぬす》みやがったんだ」

りんごの木はこたえました。

「いえいえ、おかみさん　ここ七年、見たことなんかありゃしません！」

というわけで、魔《ま》法使《ほうつか》いのおばあさんは、別《べつ》のほうへ飛《と》んでいってしまいました。妹は木から下りて、りんごの木にていねいにお礼をいい、また家へ向かいました。

ところが、牝牛《めうし》がおけのそばに立っているあたりをちょうど通りかかったとき、また魔法使《まほうつか》いのおばあさんのやってくる音がしました。そこで、妹は牝牛《めうし》のところへ急いで行って、大きな声で頼《たの》みました。

「牝牛《めうし》さん！　牝牛《めうし》さん、あたしを隠《かく》して
魔法使《まほうつか》いのおばあさんに見つからないように
でないと、あたしは骨《ほね》にされて
庭の石の下に埋《う》められちゃう」

「そりゃもう、隠《かく》してやるとも」牝牛《めうし》がこたえました。「あんたはあたしの乳《ちち》をしぼって、ほっとさせてくれたじゃないか。あたしの後ろに隠《かく》れれば、ぜったい見つからないよ」

そこへ、魔法使《まほうつか》いのおばあさんが飛《と》んできて、牝牛《めうし》に呼《よ》びかけました。

「うちの牝牛《めうし》！　うちの牝牛《めうし》！
いうことを聞かないうちの女中が

ふくらんだ大きい袋《ふくろ》を持ってくのを、見なかったかえ？
あたしの金をそっくり、有り金ぜんぶ、盗《ぬす》みやがったんだ」
牝牛《めうし》はていねいに、こういっただけでした。
「いえいえ、おかみさん
ここ七年、見たことなんかありゃしません！」
というわけで、魔《ま》法《ほう》使《つか》いのおばあさんは、べつのほうへ飛《と》んでいってしまいました。妹はまた家へ向かいはじめました。ところが、ちょうどかまどのあるところへ来たとき、また後ろから、恐《おそ》ろしい魔《ま》法《ほう》使《つか》いのおばあさんのやってくる音が聞こえたので、精《せい》いっぱい速く走ってかまどに近づき、大きな声で頼《たの》みました。
「ねえ、かまどさん！　かまどさん！　あたしを隠《かく》して
魔《ま》法《ほう》使《つか》いのおばあさんに見つからないように
でないと、あたしは骨《ほね》にされて

庭の石の下に埋《う》められちゃう」

するとかまどはいいました。「あいにくと、あんたの入れるすきまがないんだよ。またべつのパンがぎっしり入っててさ。でも、パン屋がそこにいるから、聞いてごらん」

そこで、妹がパン屋に聞くと、パン屋はいいました。「もちろん、いいとも。あんたはこの前に焼《や》いてたパンをこげないうちに出してくれたじゃないか。あっちのパン屋のなかへ急ぐがいい。そこならぜったい見つからない。魔《ま》法使《ほうつか》いは、このおれがごまかしてやろう」

というわけで、妹はパン屋に隠《かく》れましたが、そのすぐあとに、魔《ま》法使《ほうつか》いのおばあさんがやってきて、怒《おこ》った声でいいました。

「うちの男! うちの男!

いうことを聞かないうちの女中が

ふくらんだ大きい袋《ふくろ》を持ってくのを、見なかったかえ?

あたしの金をそっくり、有り金ぜんぶ、盗《ぬす》みやがったんだ」

そこで、パン屋はこたえました。「かまどのなかを見てごらん。そこにいるかもしれないよ」

魔法使《まほうつか》いのおばあさんはほうきから下りて、かまどのなかを見ましたが、誰《だれ》もいません。

「なかまで入って、奥《おく》のすみのほうまで見てごらん」パン屋がさそいかけると、魔《ま》法使《ほうつか》いのおばあさんはなかへ入りました。そのとき、

バタン！

と、パン屋がすかさずとびらをしめたので、おばあさんはそのなかで焼《や》かれてしまいました。パンと一緒《いっしょ》に出されたときには、こんがりと茶色になっていて、ほうほうのていで家へ帰り、体じゅうにコールドクリームをぬらなければならないほどにね！

こうして、やさしくて親切な妹は、金貨《きんか》の入った袋《ふくろ》を持って無事《ぶじ》に家へ帰りつきました。

さて、お金持ちになって帰ってきた妹を見て、意地悪な姉さんはうらやましくてたまらず、自分も金貨《きんか》の袋《ふくろ》を取ってこようと決めました。そこで、今度は姉さんが荷物をまとめ、同じ道を通って奉公先《ほうこうさき》を見つけにいきました。ところが、かまどの

ところにやってきて、パンがもう七年も焼《や》かれていまにも黒こげになりそうだから出してほしいと頼《たの》んでも、頭をつんとそらしていいました。「へえ、そんなの、よくあることだよ。あんたのパンをこげないようにしたら、あたしが手をやけどしちまう。ふん、ごめんだね！」

そういって、さらに歩いていくと、牝牛《めうし》がおけのそばに立って乳《ちち》しぼりしてもらうのを待っていました。牝牛《めうし》はこういいました。「娘《むすめ》さん！　娘《むすめ》さん！　乳《ちち》をしぼっとくれ！　どうか乳《ちち》をしぼっとくれ。しぼってもらうのを、もう七年も待って――」

そこまで聞いて、姉さんはあははと笑《わら》ってこたえました。「あんたがあと七年待とうと、あたしの知ったこっちゃないよ。あたしはあんたの乳《ちち》しぼり娘《むすめ》じゃないんだから！」

そういって、さらに歩いていくと、びっしりと実をつけたりんごの木がありました。けれど、枝《えだ》を揺《ゆ》らしてほしいと、りんごの木が頼《たの》んでも、姉はくすくす笑《わら》うだけで、熟《じゅく》したりんごをひとつもぎ取って、いいました。「あたしはひとつもらえば、たくさん。あとはあんた、取っとけば」

そういって、りんごをむしゃむしゃ食べながら歩いていくと、魔法使《まほうつか》いのおばあさんの家がありました。

さて、魔《ま》法《ほう》使《つか》いのおばあさんは、かまどで焼《や》かれて、こんがり茶色になったのが、もうすっかり治《なお》っていました。ただ、女中という女中にひどく腹《はら》を立てていて、今度やとったこの女中にはだまされまいと心に決めていたのです。そのため、長いあいだ家から出なかったので、意地悪な姉さんは、すぐに煙《えん》突《とつ》を見上げようと思っていたのに、そのすきがありません。ほこりを払《はら》ったり、ふいたり、ブラシをかけたり、はいたりと、休みなくせっせと働《はたら》かなくてはならず、しまいにはくたくたに疲《つか》れてしまいました。

けれど、ある日、魔《ま》法《ほう》使《つか》いのおばあさんが骨《ほね》を埋《う》めに庭へ行ったとき、すかさず煙《えん》突《とつ》を見上げると、まさしく、金《きん》貨《か》の入った袋《ふくろ》が膝《ひざ》にどさっと落ちてきました。しめた！　とばかりに、姉さんはさっそく袋《ふくろ》を持って逃《に》げ、走りに走って、りんごの木のところまで来ました。そのとき、後ろから魔《ま》法《ほう》使《つか》いのおばあさんの声が聞こえたので、妹がしたように叫《さけ》びました。

「りんごの木！　りんごの木、あたしを隠《かく》して
魔《ま》法《ほう》使《つか》いのおばあさんに見つからないように

でないと、あたしは骨《ほね》をバラバラにされて庭の石の下に埋《う》められちゃう」

けれど、りんごの木はいいました。「あいてる場所はないよ！　りんごがたくさんありすぎて」

なので、姉さんは走り続《つづ》けなければなりませんでした。そこへ、魔《ま》法《ほう》使《つか》いのおばあさんがほうきにまたがって飛《と》んでくると、大声でいいました。

「ちょいと、うちの木！　うちの木！

いうことを聞かないうちの女中が

ふくらんだ大きい袋《ふくろ》を持ってくのを、見なかったかえ？

あたしの金をそっくり、有り金ぜんぶ、盗《ぬす》みやがったんだ」

すると、りんごの木はこうこたえました。

「ああ、おかみさん

その娘《むすめ》なら、あっちのほうへ行ったよ」

というわけで、魔法使《まほうつか》いのおばあさんは、姉さんを追いかけていって、つかまえて、さんざん叩《たた》き、金貨《きんか》の入った袋《ふくろ》を取り上げました。そして、ほこりを払《はら》ったり、はいたり、ブラシをかけたり、きれいにしてもらったりしたお礼を一ペニーもやらずに、家へ追い返してしまいましたとさ。

のらくらジャック

むかしむかし、ジャックという若者《わかもの》がおふくろさんと住んでいました。暮《く》らしは貧乏《びんぼう》のどん底《ぞこ》で、老《お》いた母親が糸紡《いとつむ》ぎをしてやっと暮《く》らしていけるありさまなのに、ジャックときたら怠《なま》け者《もの》もいいところ。働《はたら》きもせずに暑い日は日ざしをよけ、真冬は炉端《ろばた》の隅《すみ》に根を生《は》やすしまつ。だから、のらくらジャックで通っていました。いくらいってもだめだから、おふくろさんはある月曜日にとうとう、自分の食いぶちも稼《かせ》ごうとしないんなら家をおん出すから、せいぜい自活《じかつ》しなと言《い》い渡《わた》したんですよ。

さすがのジャックも心を入れ替《か》えて働《はたら》くことにし、翌朝《よくあさ》は日当一ペニーで近所の畑仕事を手伝《てつだ》いにいきました。だけど小川を渡《わた》る途中《とちゅう》で日当を落としてしまい、すっからかんで戻《もど》ってきました。

「バカだね、おまえは」母親にいわれました。「ポケットに入れときゃいいじゃないか」

「今度はそうするよ」ジャックはこたえました。

で、まあ翌日《よくじつ》はまた出かけて牛飼《うしか》いの助手をさせてもらい、日当にミルクを一本もらいました。その牛乳瓶《ぎゅうにゅうびん》をジャケットのポケットに入れたのですが、あいにく大ぶりなポケットだったものでね、家のだいぶ手前ですっかりこぼれてしまったんですよ。

「まったく、なんだよ！」おふくろさんにいわれました。「そんなの、頭に載《の》っけて運べばいいじゃないか」

「今度はそうするよ」ジャックはこたえました。

あくる日はまたしても農家のお手伝《てつだ》い、日当はクリームチーズ一個《こ》で手を打ちました。そうして夕方にチーズをもらうと、頭に載《の》っけて戻《もど》りました。おかげで、うちにつくころにはチーズはすっかりだいなし、一部はどこかで落っことし、残《のこ》りは髪《かみ》にくっついて取れなくなっちまったんです。

「このうすらまぬけ」おふくろにいわれました。「そんなの、両手でそうっと抱《かか》えて帰るもんだろ」

「今度はそうするよ」ジャックはこたえました。

あくる日はまた出てパン屋のお手伝《てつだ》い、日当は大きな牡猫《おすねこ》一匹《ぴき》だけです。これもの扱《あつか》いでそうっと猫《ねこ》を抱《かか》えたのですが、じきにさんざん引っかかれて逃《に》げられてしまいました。

戻《もど》ってくると、母親にいわれました。「どこまでバカなんだよ、この子は。そんなの、紐《ひも》でもつけて引いて戻《もど》りゃいいじゃないか」

「今度はそうするよ」ジャックはこたえました。

翌日《よくじつ》のジャックは肉屋のお手伝《てつだ》い、日当には気前よく羊の肩肉《かたにく》をもらいました。ジャックはその羊肉を紐《ひも》で縛《しば》って引きずって歩き、うちに戻《もど》るころには肉はすっかり汚《よご》れて食べられなくなっていました。今度ばかりは母親も堪忍袋《かんにんぶくろ》の緒《お》が切れましたね。あくる日は日曜なのに、せっかくの夕飯《ゆうはん》に出すものがキャベツしかないなんて。

「腐《くさ》れドアホめ」と息子《むすこ》を決めつけます。「肩《かた》に担《かつ》いで戻《もど》りゃよかったのに」

「今度はそうするよ」ジャックはこたえました。

のらくらジャックは月曜にまた出かけて家畜《かちく》飼いのお手伝《てつだ》い、日当にロバを一頭もらいました。さて、ジャックは力持ちでしたが、それでもロバ一頭をひょいと担《かつ》ぐのはなかなか大変《たいへん》です。それでもとうとうやってのけ、もらいものを担《かつ》いでのろのろ歩き出しました。戻《もど》る途中《とちゆう》にお屋敷《やしき》があり、金持ちがひとり娘《むすめ》と暮《く》らしていま

した。娘《むすめ》はたいそうな美人ですが耳も口も不自《ふじ》由《ゆう》、しかも生まれてこのかた一度も笑《わら》ったことがなく、ほうぼうの医者に診《み》せても、誰《だれ》かに笑《わら》わせてもらうまでは口をきけないだろうといわれていました。それで父親は、誰《だれ》でもいいから娘《むすめ》を笑《わら》わせた男を婿《むこ》にすると触《ふ》れ回っていたのです。さて、このお嬢《じょう》さんがたまたま窓《まど》の外を見た時に、ジャックがロバを担《かつ》いで通りかかりました。ロバは必死《ひっし》でじたばたもがき、声を限《かぎ》りに哀《あわ》れっぽく鳴いています。まあ、あんまりこっけいなざまに発作《ほっさ》じみた爆笑《ばくしょう》が出たとたん、口も耳もいっぺんに治《なお》ってしまいました。父親は大喜《おおよろこ》び、約束《やくそく》通りにのらくらジャックを婿《むこ》に取り、ジャックは若旦那《わかだんな》と呼《よ》ばれる身分になりました。おふくろさんをお屋敷《やしき》に引き取ってやり、死ぬまで楽をさせたということです。

怪物《かいぶつ》 赤いエティン

そのむかし、やもめの女が小作に雇《やと》われ、猫《ねこ》の額《ひたい》ほどの農地を耕《たがや》して暮《く》らしを立てていました。息子《むすこ》がふたりいて、そろそろひとり立ちして運試《だめ》しに出ていくことになりました。それである日、上の息子《むすこ》にバケツで井戸《いど》水《みず》をくんでおいでといいつけたのです。くんできた水の多い少ないはさておき、それでケーキを焼《や》いてあげよう。水の量《りょう》に応《おう》じてケーキの大きさも違《ちが》ってくるけど、おっかさんが旅立つおまえにやれる餞別《せんべつ》はそのケーキだけだからね。

それで上の息子《むすこ》はバケツをさげて出てゆくと、井戸《いど》水《みず》をたっぷりくみましたが、穴《あな》あきバケツでしたから途中《とちゅう》であらかたこぼれてしまいました。おかげで、ケーキもうんと小さくなりました。それでも母は遠慮《えんりょ》なく尋《たず》ねました。このケーキを半分こするかわりに、おっかさんの祝福《しゅくふく》をもらって出ていくかい、それともケーキを独《ひと》り占《じ》めするかわりに門出《かどで》を呪《のろ》われるのとどっちがいい。いわれたほうは思案《しあん》して、これからけっこう歩くよなあ、しかもこの先、食糧《しょくりょう》を調達《ちょうたつ》できるあてもないし。だから、おっかさんの呪《のろ》いがどんなものでも引き受けるから、ケーキを丸ごとくれといったんですよ。それで、おっかさんは呪《のろ》いつきでケーキを丸ごとよこしました。

やがて兄は弟を脇《わき》へ呼《よ》び、ナイフを渡《わた》してこういい含《ふく》めました。こいつを預《あず》けておくから、留守《るす》中は刃《は》の具合を毎朝確《たし》かめてくれよ。曇《くも》りがなければおれは達者《たっしゃ》だが、赤錆《さび》が浮《う》いたら、持ち主の身によくないことが起きたしるしだからな。

そんなわけで若者《わかもの》は運試《だめ》しに出ていきました。ぶっ通しで一昼夜と、もう一昼夜を歩きづめに歩き、三日めの昼過《ひるす》ぎに羊の群《む》れを連れた羊飼《か》いに出くわしたのです。近づいていって羊の持ち主を尋《たず》ねると、こたえはこうでした。

「持ち主はアイルランドのバリーガンに住まう
赤い怪物《かいぶつ》エティンさまだよ
うるわしのスコットランドを治《おさ》めておられる
マルコム王の王女をかっさらった
王女をぶんなぐって縛《しば》り上げ
ぐるぐる巻《ま》きにして転がしておき

ぴかぴかの純銀《じゅんぎん》の棒《ぼう》で
くる日もくる日も打ちすえる
さだめにより、やつを殺《ころ》せる男が
この世にひとりだけいるそうだ
だけど、そいつは絶対《ぜったい》まだ生まれてないし
だいぶ先の話に願《ねが》いたいね！」

そのあとで、羊飼《か》いはこう注意してくれました。この先出会う動物にはくれぐれも気を抜《ぬ》くな、これまで見てきたようなやつとは大違《おおちが》いだからな。

若者《わかもの》が進むにつれて、数えきれない動物に出くわしましたが、どれもこれも身の毛のよだつ二つ頭に四本ずつ角を生やしたおぞましい妖怪《ようかい》ばかり！　すっかり震《ふる》えあがっていちもくさんに逃《に》げ、小高い丘《おか》に建《た》っていた城《しろ》のドアが開いていたので、やれ助かったと思いました。泊《と》めてもらいに入っていくと、年寄《としよ》りの主婦《しゅふ》が台所の火のそばに腰《こし》をおろしています。長旅で疲《つか》れたので一晩泊《ひとばんと》めてもらえませんかと頼《たの》んだら、別《べつ》にいいけど泊《と》まるのはどうかしらねといわれました。老女《ろうじょ》によれば、この城主《じょうしゅ》の赤いエティンは三つ頭の怪物《かいぶつ》で凶暴《きょうぼう》そのもの、捕《つか》まったら最後《さいご》だというのです。若者《わかもの》はそう聞いて逃《に》げたくなりましたが、おもてには四本ずつの角を生やした恐《おそ》ろしげな双頭《そうとう》の化け物がうようよいます。なんとか赤いエティンに内緒《ないしょ》で、なるべくうまくかくまってもらえないか、と老女《ろうじょ》に泣《な》きつきました。無事《ぶじ》に一晩過《ひとばんす》ごして朝になれば、エティンにも双頭《そうとう》の化け物どもにも気づかれずにこっそり逃《に》げればいいと考えたんですね。

ところが隠《かく》れ穴《あな》にひそんでまもなく、恐《おそ》ろしいエティンが台所に入ってくるが早いか、さっそく大声を出しました。

「そらそらそら！　臭《にお》うぞ臭《にお》う
生きた人間の臭《にお》いがするぞ
生きてようが　死んでようが
やつの心臓《しんぞう》をパンにして、今晩《こんばん》食ってやるとしよう」

まあそれで、ほうぼう探《さが》し回ってじきに哀《あわ》れな若者《わかもの》を見つけ、穴《あな》から引っぱり出しました。その上で、これから三つの謎《なぞ》を出す、こたえられたら助けてやるといったんですよ。

まずは第一の頭がいいました。「端《はし》がないもの、それはなんだ？」

若者《わかもの》にはこたえられません。

第二の頭が尋《たず》ねます。「小さくなればなるほど危険《きけん》なもの、なんだ？」

こたえられません。

そこで第三の頭がいいました。「死んだものが生きたものを運んでいく、なんだ？　解《と》いてみろ」

こたえられませんでした。

三問ともしくじったので、赤いエティンはドアの陰《かげ》から木づちを出してきて若者《わかもの》の頭をなぐりつけ、石柱に変《か》えてしまいました。

さて、この事件《じけん》の翌朝《よくあさ》に弟がナイフを見れば、悲しいことに一面の錆《さび》だらけです。それで母親に、こうなったら自分も旅に出ると伝《つた》えました。初《はじ》めのうちこそ母親はいい顔をしませんでしたが、ついに折《お》れて、ケーキを焼《や》くから井戸《いど》の水をくんでおいでといいつけました。いわれた通り水くみに出た帰り、頭上のカラスが見ろ見ろとやたらに騒《さわ》ぐのでふと見れば、バケツが洩《も》っています。弟は若《わか》くても賢《かしこ》かったので、そのへんの粘土《ねんど》で穴《あな》をふさいで帰り、大きなケーキを焼《や》いてもらいました。そこで母親に、半分こして母の祝福《しゅくふく》をもらうか、それとも丸ごともらうかわりに門出《かどで》を呪《のろ》われるかと尋《たず》ねられました。

弟は母の祝福《しゅくふく》を選《えら》んで旅立ちました。ずいぶんな道のりを歩き通したあとで、行き合ったおばあさんにそのケーキを一口《ひと》おくれとねだられました。弟は「いいとも」と快《こころよ》く応《おう》じて、ケーキを分けてやりました。

すると、このおばあさんの正体は妖精《ようせい》で、うまく使えば役立つこともあるだろうよとお返しに魔法《まほう》の杖《つえ》をくれ、この先起きることをかなり詳《くわ》しく教えてくれ、あらゆる場面でとるべき対応《たいおう》をひととおり話して聞かせた上で消えてしまいました。やがて、兄が前に会ったあの老羊《ろう》飼《か》いに出くわして羊の持ち主を尋《たず》ね、こんなこたえをもらったのです。

「持ち主はアイルランドのバリーガンに住まう
赤い怪物《かいぶつ》エティンさまだよ
うるわしのスコットランドを治《おさ》めておられる
マルコム王の王女をかっさらった
王女をぶんなぐって縛《しば》り上げ
ぐるぐる巻《ま》きにして転がしておき

ぴかぴかの純銀《じゅんぎん》の棒《ぼう》で
くる日もくる日も打ちすえる
けどな、どうやら退治《たいじ》される日が
間近に迫《せま》ってきたって気がするよ
だってね、見ればわかるんだ
あんたこそ、あの方の領地《りょうち》を受《う》け継《つ》ぐお人だと」

弟はそのまま進み、見るも恐《おそ》ろしい獣《けもの》の群《む》れがいる場所でも止まったり逃《に》げたりせず、恐《おそ》れげもなく入っていきました。たけり狂《くる》った一頭が大口開けて若者《わかもの》を食らおうとしましたが、妖精《ようせい》の杖《つえ》で打ったらあっけなく倒《たお》れて死んでしまいました。まもなくエティンの城《しろ》にたどりつき、城《しろ》のドアが閉《し》まっていたので大胆《だいたん》にもノックして入れてもらいました。あの台所番の老女《ろうじょ》からは、エティンの恐《おそ》ろしさと兄の末路《まつろ》を話して聞かされましたが、それでも臆病風《おくびょうかぜ》に吹《ふ》かれて逃《に》げ隠《かく》れしたりしません。
やがて、怪物《かいぶつ》はまたしても大声で入ってきました。

「そらそらそら！　臭《にお》うぞ臭《にお》う

生きた人間の臭《にお》いがするぞ
生きてようが　死んでようが
やつの心臓《しんぞう》をパンにして、今晩《こんばん》食ってやるとしよう」

若者《わかもの》の様子をすかさずうかがい、まあこっちへこいと声をかけると、三つの謎《なぞ》かけにこたえられたら命を救《すく》ってやろうといい渡《わた》しました。

さっそく第一の頭が第一問を出します。「端《はし》がないもの、それはなんだ？」答えなら、ケーキを分けてあげたあの妖精《ようせい》から前もって聞かされています。

「お椀《わん》だろ」

第一の頭はむむむとなり、第二の頭が出てきました。「小さくなればなるほど危《き》険《けん》なもの、なんだ？」

「橋だよ」弟が即答《そくとう》します。

ぐうの音も出ない一の頭と二の頭をしりめに、第三の頭が、「死んだものが生きたものを運んでいく、なんだ？　解《と》いてみろ」

若者《わかもの》は今度もすぐこたえました。「航海《こうかい》中の船が、人間を運んでるんだよ」

赤いエティンは全問正解《せいかい》されてしまって魔力《まりょく》を失《うしな》い、逃《に》げだそうとしました。ですが、弟は手斧《ておの》を拾い上げ、三つの頭をまとめて切り飛《と》ばしました。それからあの老女《ろうじょ》に声をかけ、囚《とら》われのスコットランド王女のいるところへ案内《あんない》させたのです。案内《あんない》された二階には無数《むすう》のドアがあり、どこを開けても赤いエティンにさらわれた美女たちがひとりずつ入っていました。王女はいちばん奥《おく》のドアです。そのあとで一階のみすぼらしい部屋へ案内《あんない》され、一本だけ置《お》いてあった石柱に妖精《ようせい》の杖《つえ》で触《ふ》れると、元通りの兄の姿《すがた》になりました。

解放《かいほう》された人たちはみんな大喜《おおよろこ》び、弟に何度も何度も礼をいいました。あくる日はさっそく華《はな》やかに勢《せい》ぞろいしてスコットランド王の宮廷《きゅうてい》へ出発です。弟は王に望《のぞ》まれて王女の婿《むこ》におさまり、兄にも貴族《きぞく》の娘《むすめ》をもらってやりました。

そして、みんな死ぬまで幸せに暮《く》らしたということです。

魚と指輪《ゆびわ》

むかしむかし、ある男爵《だんしゃく》がいました。この男爵《だんしゃく》はすぐれた魔法使《まほうつか》いで、わざや、おまじないなどをいろいろ使って、いつ何が起こるか、どんなことでも予言することができました。

さて、この大きな力を持つ男爵《だんしゃく》に、城《しろ》や土地すべてを受けつぐ息子《むすこ》が生まれました。この小さな息子《むすこ》が四歳《さい》ぐらいになったとき、男爵《だんしゃく》は息子《むすこ》の将来《しょうらい》がどうなるのか知りたくなり、『運命の書』を開いて、どんなことが予言されているのか見てみたのです。

すると、まあ、なんとしたことでしょう！　そこには、この愛《あい》してやまない息子《むすこ》が、広い土地やすばらしい城《しろ》をすべて受けつぐ大事な息子《むすこ》が、身分の低《ひく》い娘《むすめ》と結婚《けっこん》すると書いてあるではありませんか。男爵《だんしゃく》はがっかりして、さらなるわざや、おまじないを使い、その娘《むすめ》がもう生まれているのか、もし生まれているならどこに住んでいるのかを調べました。

するとその娘《むすめ》はとんでもなく貧《まず》しい家に、たったいま生まれたばかりで、おまけに、その貧《まず》しい親たちにはもう五人も子どもがいるとわかりました。

そこで、男爵《だんしゃく》は馬の支度《したく》をさせて出かけ、どんどん進み、その貧《まず》しい男の家までやってきました。その家の戸口には、なんとも悲しそうな浮《う》かない顔をした貧《まず》しい男が座《すわ》っています。

「どうかしたかね、おまえさん?」と男爵《だんしゃく》が尋《たず》ねると、貧《まず》しい男はこうこたえました。

「よくぞ聞いてくれやした、旦那《だんな》さま。あっしのうちに、たったいま娘《むすめ》っこが生まれやしてね。子どもはもう五人もいるってのに。六人めの口に入れるパンをどうやって見つけたもんか、考えもつかねえんですよ」

「そんなことで悩《なや》んでいるのかね」男爵《だんしゃく》は待ってましたとばかりにいいました。「わしが力になれるかもしれないから、しょげるでない。うちの息子《むすこ》の結婚《けっこん》相手になる小さな娘《むすめ》を、ちょうど探《さが》しておるところでな。もしよかったら、娘《むすめ》を引き取って、代わりに十クラウンをやろうじゃないか」

ありがたい！　とばかりに、男はうれしくて飛《と》び上がりそうになりました。お金をたっぷりもらえるうえ、娘《むすめ》には立派《りっぱ》な家ができると思ったからです。それで、すぐさま赤ん坊《ぼう》を家のなかから連《つ》れてきました。男爵《だんしゃく》は自分の外套《がいとう》に赤ん坊《ぼう》をくるみ、馬に乗ってその場を去りました。けれど、川までやってくると、まんまんと水をたたえている川に、その小さな赤《あか》ん坊《ぼう》を放り投げて、「運命よ、さらば！」とつぶやき、自分の城《しろ》へ馬を全速力で走らせたのでした。

けれど、いいですか、男爵《だんしゃく》はすっかり見こみ違《ちが》いをしていたんですよ。だって、赤ん坊《ぼう》は沈《しず》まなかったのですから。流れがとても速くて、長い服が水に浮《う》かんだおかげで、やがて赤ん坊《ぼう》は漁師《りょうし》が網《あみ》の手入れをしている真ん前の川に沈《しず》んでいる木に引っかかりました。

漁師《りょうし》とそのおかみさんには子どもがいないうえ、赤ん坊《ぼう》がほしくてたまらなかったので、人のよいその漁師《りょうし》は小さな娘《むすめ》を見て大喜《よろこ》びです。家へ連《つ》れ帰って、おかみさんに見せると、おかみさんは心の底《そこ》からうれしがりました。

というわけで、その子は目に入れても痛《いた》くないほど可愛《かわい》がられて育ち、誰《だれ》も見たことがないくらい美しい娘《むすめ》になりました。

さて、その娘《むすめ》が十五歳《さい》ぐらいになったとき、男爵《だんしゃく》が友人たちと連《つ》れだって川岸へ狩《か》りにいき、水をもらおうと漁師《りょうし》の小屋に立《た》ち寄《よ》りました。ですから、水を持って出てきたのは漁師《りょうし》の娘《むすめ》に決まっていると、男爵《だんしゃく》たちは思ったのです。

娘《むすめ》の美しさに男爵《だんしやく》の友人の若者《わかもの》らが気づき、そのうちのひとりが男爵《だんしやく》にいいました。「この娘《むすめ》さんはよいところへお嫁《よめ》に行くに違《ちが》いありませんよ。どんな運命なのか、教えてくださいませんか。あなたはそういうことがお得意《とくい》なのですから」

すると、男爵《だんしやく》はろくに娘《むすめ》のことを見もせず、いいかげんに返事をしました。「この娘《むすめ》の運命など、想像《そうぞう》がつくというものですよ！　相手はつまらない田舎者《いなかもの》か何かでしょうな。ですが、お望《のぞ》みとあらば、ひとつ星占《ほしうらな》いをしてみましょう。おいおい、娘《むすめ》や、生まれたのはいつだね？」

「わかりません」と娘《むすめ》はこたえました。「十五年ほど前に、川から拾われたものですから」

それを聞いて、男爵《だんしやく》の顔から血の気が引きました。この娘《むすめ》は自分が川に投げこんだ赤ん坊《ぼう》で、運命の力は自分よりも強かったのだと、すぐさまわかったからです。けれど、そのことは口に出さず、そのときは何もいいませんでした。とはいえ、あとから、ある計画を思いつき、ひとりで戻《もど》ってくると、娘《むすめ》に手紙を渡《わた》していいました。

「よくお聞き！　おまえを幸せにしてやろう。この手紙を持って、わたしの弟のところへ行くがいい。弟にはよい娘《むすめ》が必要《ひつよう》でな。おまえは一生、不自由《ふじゆう》なく暮《く》らせるぞ」

そのころ、漁師《りようし》とおかみさんは年寄《としよ》りになってきていて、助けが必要《ひつよう》でしたので、娘《むすめ》は行きますといい、手紙を受け取りました。

こうして、男爵《だんしゃく》はまたもや「運命よ、さらば！」とつぶやき、自分の城《しろ》へ馬で帰っていきました。

というのも、男爵《だんしゃく》は手紙にこう書いたからです。

「弟よ——この手紙を持ってきた者を、ただちに殺《ころ》してくれ」

けれど、またもや男爵《だんしゃく》はすっかり見こみ違《ちが》いをしていたのですよ。というのも、男爵《だんしゃく》の弟が住んでいる町へ行く途中《とちゅう》、娘《むすめ》は小さな宿で一夜を明かさなければならなかったのですが、まさにその夜、どろぼうの一団《いちだん》が宿に押《お》し入《い》り、宿屋の主人の財産《ざいさん》を奪《うば》うだけでは満足《まんぞく》せずに、客たちのポケットのなかまで探《さが》したところ、娘《むすめ》の持っている手紙を見つけたからでした。その手紙を読んだどろぼうたちは、あさましい恥知《はじし》らずなやり方だと思いましたので、どろぼうの親分がペンと紙を手にして座《すわ》り、こんなふうに書きました。

「弟よ——この手紙を持ってきた者を、すぐさまわたしの息子《むすこ》と結婚《けっこん》させてくれ」

そのあと、紙を封筒《ふうとう》に入れて封《ふう》をし、それを娘《むすめ》に渡《わた》すと、さっさと行っちまいなと追いやりました。そんなわけで、娘《むすめ》が男爵《だんしゃく》の弟の城《しろ》へ着くと、弟はやや面食《く》らいましたが、結婚《けっこん》のお祝《いわ》いの準備《じゅんび》をするよう命じました。ちょうどおじさんの城《しろ》にいた男爵《だんしゃく》の息子《むすこ》は、娘《むすめ》がたいへん美しいのを見て、いやがるどころか大喜《よろこ》びしたので、ふたりはさっそく結婚《けっこん》しました。

さてさて！　この知らせが届《とど》くなり、男爵《だんしゃく》はかんかんになりました。けれど、運命に負けるものかと心に決め、馬に乗って弟の城《しろ》へ大急ぎでかけつけると、うれしくてならないふりをしました。そんなある日、そばに誰《だれ》もいないのを見はからって、男爵《だんしゃく》は若《わか》い花嫁《はなよめ》を散歩《さんぽ》に誘《さそ》い、崖《がけ》の近くに来たとき、娘《むすめ》をつかんで海へ放り投げようとしたのです。でも、娘《むすめ》は命だけは助けてくださいと必死《ひっし》で頼《たの》みました。

「わたしのせいではありません」と娘《むすめ》はいいました。「わたしは何もしていません。運命なんです。けれど、命を助けてくださったら、わたしも運命にさからうことをお約束《やくそく》します。認《みと》めていただけるまでは、あなたにも息子《むすこ》さんにも二度とお会いしません。それなら、あなたは安心していられるでしょう。というのも、おわかりでしょう、海がわたしを救《すく》ってくれるかもしれないからです。川が救《すく》ってくれたように」

さてそこで！　男爵《だんしゃく》はその通りにしようと思いました。指にはめていた金の指輪《ゆびわ》をはずすと、崖《がけ》のむこうの海に投げ入れていいました。「あの指輪《ゆびわ》をまた見せるまで、けっしてわたしの前に姿《すがた》をあらわすな」

そして、男爵《だんしゃく》は娘《むすめ》を追《お》い払《はら》いました。

さてさて！　娘《むすめ》があてもなく先へ先へと歩き続《つづ》けていくと、ある貴族《きぞく》のお城《しろ》がありました。そのお城《しろ》では、台所の仕事をする使用人をほしがっていたので、娘《むすめ》は皿洗《あら》いをすることになりました。漁師《りょうし》の小屋にいたとき、そのような仕事に慣《な》れていましたからね。

そんなある日のこと、娘《むすめ》が大きな魚をさばいているとき、台所の窓《まど》から外を見ると、夕食にやってきたのは、ほかでもない、あの男爵《だんしゃく》と若《わか》い息子《むすこ》ではありませんか。最初《さいしょ》、娘《むすめ》は約束《やくそく》を守るために、逃《に》げださなければならないと思いました。でも、そのあとで、台所にいれば見つからないだろうと気づいたので、大きな魚をさばく仕事を続《つづ》けました。

すると、どうでしょう！　はらわたのなかに、何かきらりと光るものがあって、それはまあ、なんと、男爵《だんしゃく》の指輪《ゆびわ》だったのです！　娘《むすめ》がその指輪《ゆびわ》を見て喜《よろこ》んだことといったら、ありません。娘《むすめ》はそれを親指にはめて仕事を続《つづ》け、これ以上《いじょう》ないほどおいしく魚を料理《りょうり》して、できるだけきれいに盛《も》りつけ、パセリのソースとバターをかけました。

さあ！　魚がテーブルに運ばれてくると、客たちはおいしいとたいへん気に入り、誰《だれ》が料理《りょうり》したのかと城《しろ》のあるじに尋《たず》ねました。というわけで、あるじは召使《めしつか》いにこう命じました。「このおいしい魚を料理《りょうり》した者を呼《よ》んでおいで。ごほうびがあるかもしれないから」

さてそこで！　呼《よ》ばれていることを聞かされると、娘《むすめ》は覚悟《かくご》を決め、親指に指輪《ゆびわ》をはめたまま、堂々《どうどう》と大食堂《だいしょくどう》へ行きました。どの客も、娘《むすめ》の輝《かがや》くような美しさに息をのむばかり。若《わか》い夫《おっと》はうれしくて飛《と》び上がりましたが、男爵《だんしゃく》はいまにも娘《むすめ》を殺《ころ》しそうな勢《いきお》いで、怒《いか》りもあらわに立ち上がりました。娘《むすめ》が何もいわず、男爵《だんしゃく》の顔のほうへ自分の手をさしだすと、金の指輪《ゆびわ》がきらきらと光を放ちました。娘《むすめ》はまっすぐ男爵《だんしゃく》に近寄《ちかよ》り、指輪《ゆびわ》をした手を男爵《だんしゃく》の前のテーブルに置《お》きました。

そこで男爵《だんしゃく》は、運命が自分よりも強いことを悟《さと》り、娘《むすめ》の手を取って息子《むすこ》の隣《となり》へ連《つ》れてくると、集まっている人たちに向かっていいました。「この娘《むすめ》は息子《むすこ》の嫁《よめ》なのです。嫁《よめ》を祝《いわ》って乾杯《かんぱい》しましょう」

夕食のあと、男爵《だんしゃく》は娘《むすめ》と息子《むすこ》を連《つ》れて自分の城《しろ》へ戻《もど》り、そこでみんな、いつまでもずっと幸せに暮《く》らしました。

世の果《は》ての泉《いずみ》

古き良《よ》き時代、わたしもおらず、あなたもいない、ほかのみんなも誰《だれ》ひとり生まれていなかったころ、生みの母に先立たれた娘《むすめ》の父が後妻《ごさい》をもらいました。継母《ままはは》には連《つ》れ子《こ》がおり、血を分けたわが子よりも美しい先妻《せんさい》の娘《むすめ》を毛嫌《けぎら》いして、むごく当たりました。いつも召使《めしつか》いがわりにこき使い、片時《かたとき》も休ませてやらなかったのです。

とうとうある日、継母《ままはは》は目ざわりな継子《ままこ》をあとくされなくお払《はら》い箱《ばこ》にしようと、ふるいを持たせていいつけました。「世の果《は》ての泉《いずみ》へ行って、このふるいになみなみと水をくんどいで。さもなきゃ思い知らせてやるよ」継母《ままはは》のもくろみはこうです。世の果《は》ての泉《いずみ》なんか見つかりっこないし、たとえ見つかったって、なみなみとくんでなんかこられるものかね。

まあそれで娘《むすめ》は出かけて行き、会う人会う人に世の果《は》ての泉《いずみ》のありかを尋《たず》ねるのですが、誰《だれ》も知りません。途方《とほう》に暮《く》れていると、二つ折《お》りになるほど腰《こし》が曲がった風変《ふうが》わりなおばあさんがあらわれ、泉《いずみ》の場所と道順《みちじゅん》を教えてくれました。教えられた通りにして、やっと世の果《は》ての泉《いずみ》にたどりついたのです。ところが氷のように冷《つめ》たい水を、ふるいでいくらくもうとしても、洩《も》れてしまうばかり。いくら頑張《がんば》ろうと、結果《けっか》はいつも同じです。とうとう娘《むすめ》は座《すわ》りこんで、胸《むね》が張《は》り裂《さ》けそうに泣《な》きじゃくりました。

そこへ、ケロケロと鳴く声がします。ふと顔を上げると、大きなカエルが出っ張《ぱ》った目をこっちに向けて話しかけていました。

「どうしたの、かわいい子ちゃん？」

「ああ、ああ、どうしよう！　継母《ままはは》のいいつけではるばる世の果《は》ての泉《いずみ》へ出かけて、このふるいになみなみと水をくみに来たの。それなのに、どうやってもくめなくて」

「ふうん」カエルにいわれました。「夜が明けるまで、なんでもいいなりになると約《やく》束《そく》してくれたら、やり方を教えてあげるよ」

承知《しょうち》した娘《むすめ》に、カエルはこう教えました。

「ふるいの目止めに苔《こけ》を詰《つ》め、粘土《ねんど》でふさぎ
それからくんで、運んでおいきよ」

いい終わるとピョンピョン跳《と》んで、世の果《は》ての泉《いずみ》にぽちゃんともぐってしまいま

した。

娘《むすめ》は苔《こけ》を探《さが》してきて貼《は》りつけ、粘土《ねんど》をかぶせて世の果《は》ての泉《いずみ》をまたくもうとしました。

ちょうどそこへ、さっき泉《いずみ》に沈《しず》んだはずのカエルが浮《う》かんできて言います。「あの約束《やくそく》を忘《わす》れないでね」

「わかったわ」いいながらも、継子《ままこ》は内心こう思いました。「破《やぶ》ったって、カエルに何ができるもんですか」

あとは、ふるいになみなみと世の果《は》ての泉《いずみ》をくんで持ち帰りました。継母《ままはは》はかっかとしましたが、ぐうの音も出ません。

まさにその晩《ばん》、ドアの下側《したがわ》を叩《たた》く音とともに、こんな声が届《とど》きました。

「開けておくれ、かわいい子ちゃん、ぼくの恋人《こいびと》
ドアを開けておくれよ、愛《いと》しい人
忘《わす》れないでね、きみとぼくとで誓《ちか》ったことを
ついけさがたに、世の果《は》ての泉《いずみ》で」

「あれはなんだい？」継母《ままはは》が尋《たず》ねます。
それで継子《ままこ》は隠《かく》しきれなくなり、あのカエルとの約束《やくそく》を洗《あら》いざらい話しました。
「嫁入《よめい》り前の娘《むすめ》なら、約束《やくそく》は守らなくちゃあね」継母《ままはは》は口ではそう言いながらも、不気味《ぶきみ》なカエルのいいなりになるしかないなんて、いい気味だと思いました。「すぐ開けておやり」
継子《ままこ》がドアを開けにいくと、世の果《は》ての泉《いずみ》で出会ったあのカエルが来ていました。ぴょんぴょんぴょんと三度跳《は》ねて寄《よ》ってくると、こうです。
「抱《だ》き上げておくれ、かわい子ちゃん、ぼくの恋人《こいびと》
きみの膝《ひざ》に抱《だ》き上げてよ、愛《いと》しい人
忘《わす》れないでね、きみとぼくとで誓《ちか》ったことを
ついけさがたに、世の果《は》ての泉《いずみ》で」
それでも継子《ままこ》が渋《しぶ》っていると、とうとう継母《ままはは》が、「さっさと抱《だ》き上げておやり、いいかげんな子だね！　嫁入《よめい》り前の娘《むすめ》なら、いったんかわした約束《やくそく》は守るもんだよ！」

カエルは娘《むすめ》の膝《ひざ》でしばらくのんびりしてから、やがてこういいだしました。

「夕食を食べさせておくれ、かわい子ちゃん、ぼくの恋人《こいびと》
夕食を食べさせてよ、愛《いと》しい人
忘《わす》れないでね、きみとぼくとで誓《ちか》ったことを
ついけさがたに、世の果《は》ての泉《いずみ》で」

まあ、それなら別《べつ》に構《かま》わなかったので、パンがゆのお椀《わん》を寄《よ》せてやってたっぷり食べさせました。ところがカエルは食べ終えると、こんなことをいいだしたのです。

「一緒《いっしょ》に寝《ね》かせておくれ、かわい子ちゃん、ぼくの恋人《こいびと》
きみと一緒《いっしょ》に寝《ね》かせてよ、愛《いと》しい人
忘《わす》れないでね、きみとぼくとで誓《ちか》ったことを
ついけさがたに、世の果《は》ての泉《いずみ》で」

さすがにそれだけは嫌《いや》がっていると、継母《ままはは》にこっぴどく叱《しか》られました。

「約束《やくそく》は約束《やくそく》だよ、嫁入《よめい》り前の娘《むすめ》なら約束《やくそく》通りにおやり。ちゃんとやるか、さもなきゃそのカエルと一緒《いっしょ》にうちを出てくんだね」

そこでカエルを寝室《しんしつ》へ連《つ》れていき、なるべく自分と離《はな》して寝《ね》かせました。すると、カエルは夜が白《しら》むころにこうせがんできました。

「ぼくの首をはねて、かわい子ちゃん、ぼくの恋人《こいびと》
ぼくの首をはねてよ、愛《いと》しい人
忘《わす》れないでね、きみとぼくとで誓《ちか》ったことを
つい昨日《きのう》の朝に、世の果《は》ての泉《いずみ》で」

世の果《は》ての泉《いずみ》であれだけ親切にしてもらったのに、そんなの絶対無理《ぜったいむり》だと初《はじ》めのうちは思いました。だけどカエルが何度も何度も繰《く》り返して必死《ひっし》に頼《たの》むので、とうとう斧《おの》を取ってきて一撃《いちげき》で首をはねてやりました。そしたらまあ！　見てごらん！　目の前にすてきな若《わか》い王子さまがあらわれて、こういったんですよ。ぼくは悪い魔《ま》法使《ほうつか》いにずっとカエルにされていました。若《わか》い娘《むすめ》さんに夜通しずっという通りにしてもらい、仕上げに首をはねてもらわないと呪《のろ》いが解《と》けなかったのです。

あの気持ち悪いカエルが若《わか》い王子さまに化けたと知って継母《ままはは》はびっくり仰天《ぎょうてん》、魔《ま》法《ほう》を解《と》いてくれた継子《ままこ》をぼくの妃《きさき》にするといわれて、おわかりでしょうけど内心もやもやしました。それでもふたりが結婚《けっこん》して父王のお城《しろ》へ行ってしまうと、継子《ままこ》が玉《たま》の輿《こし》に乗れたのはすべてあたしのおかげだよと、自分にいい聞かせて我慢《がまん》するしかなかったのでした。

訳者あとがき

おかげさまで、イギリスのおとぎ話も二巻になりました。

日本でもっとも親しまれている国のひとつでありながら、読んだことのないお話が多いという驚きの声が、一巻にはたくさん寄せられました。おとぎ話を通じて、イギリスの意外な一面に触れた方もたくさんいらっしゃったようです。

実を申しますと、外国語の手ほどきには現地の民話伝説をあわせて読むと効率がいいといわれています。そうすることで知らず知らずのうちに文化の違いになじみ、異文化の視点やものの考え方に慣れてくるからです。

めまぐるしい現代、人も文化も刻々と変わります。イギリスも例外ではありませんが、根っこの部分で長年つちかわれた民族性は、おいそれと変わりません。そこさえ把握できれば理解の足がかりになります。きれいごとだけでない本音の受け止め方も多少は違ってきます。そうした国や民族の価値観、ものの考え方の土台をつかむために、昔話はとてもわかりやすいツールです。

一巻のあとがきでも触れた通り、民話はどれも同じと思われがちですが、そうでもありません。地方や時代、本にまとめた人（編者といいます）によって少しずつ違います。これまで日本で読まれてきたイギリスのお話は、おおむねジェイコブズという男性編者の本でしたが、今回はフローラ・アニー・スティールという女性編者の本から訳しました。スティール版は定番の英雄物語だけでなく、たくましく生きていく若い娘や、ちょっとヘタレな若者が愛され力だけで周囲に助けられる話が多く、現代に通じる描き方が特徴です。

よりわかりやすくするために日本版の一巻ではイギリスの娘たちを、そして本書は男の子たちを主にとりあげてみました。それと、ねこたちのおしゃべりに竜の話題が出ましたが、竜にご興味ある方は『ワニと龍』（平凡社新書）もご一緒にどうぞ。

あと少しでアーサー・ラッカムの没後八十周年は終わり、来たる二〇二〇年にはスティールの原書出版百年が巡ってきます。節目の時期にこうして日本でまとまったご紹介がかない、とても光栄に思っています。

これからも身近で遠い国として付き合いの続くイギリスを理解するうえで、本書がなんらかのヒントになれば幸いです。

今回も多大なご理解のもとで本書を形にしてくださった平凡社の松井純さんと下中順平さん、イラストの谷澤茜さん、株式会社マツダオフィスの松田行正さんと杉本聖士さんはじめ、ご支援を賜ったたくさんの方々に心より御礼申し上げます。

二〇一九年十一月吉日

原題

チイチイねずみとチュウチュウねずみ　*Titty Mouse and Tatty Mouse*

嫌われ者の大蛇　*The Laidly Worm*

金のかぎたばこ入れ　*The Golden Snuff-Box*

ぼろ娘　*Tattercoats*

楽しき国イングランドの聖ジョージ　*St. George of Merry England*

影も形もない王子　*Nix Naught Nothing*

モリー・ウピーと二面の巨人　*Molly Whuppie and the Double-Faced Giant*

三人のおバカさん　*The Three Sillies*

巨人退治のジャック　*Jack the Giant-Killer*

旦那のなかの旦那さま　*Master of All Masters*

ディック・ウィッティントンと猫　*Dick Whittington and His Cat*

ジャックの運試し　*How Jack Went Out to Seek His Fortune*

姉さんと妹　*The Two Sisters*

のらくらジャック　*Lazy Jack*

怪物 赤いエティン　*The Red Ettin*

魚と指輪　*The Fish and the Ring*

世の果ての泉　*The Well of the World's End*

編訳者略歴

吉澤康子（よしざわ・やすこ）

津田塾大学学芸学部国際関係学科卒業。子ども向けの読み物や大人向けのミステリー、ノンフィクションの翻訳を手がける。主な訳書に、『夜ふけに読みたい 不思議なイギリスのおとぎ話』（共訳　平凡社）、O.ヘンリー『新訳 賢者の贈り物・最後のひと葉』（共訳　角川つばさ文庫）、E.ウェイン『コードネーム・ヴェリティ』『ローズ・アンダーファイア』（創元推理文庫）、主な著書に『「つぶやき」英語レッスン』（PHP研究所）など、著訳書多数。

和爾桃子（わに・ももこ）

慶應義塾大学文学部中退。ミステリー、ファンタジーなど、主に英米語の翻訳を手がける。6歳から18歳まで青木正児門下生による古文漢文の個人教授を受ける。和漢詩をきっかけに各言語固有の韻律に目覚め、そこからさらに口承文学に強い関心を抱く。『夜ふけに読みたい 不思議なイギリスのおとぎ話』（共訳　平凡社）、サキ『クローヴィス物語』（白水社Uブックス）、J.D.カー『四つの凶器』（近刊　創元推理文庫）ほか著訳書多数。

夜ふけに読みたい
奇妙なイギリスのおとぎ話

2019年11月20日　初版第1刷発行
2020年11月22日　初版第2刷発行

編訳者　吉澤康子、和爾桃子
発行者　下中美都
発行所　株式会社平凡社
〒101-0051　東京都千代田区神田神保町3-29
電話　03-3230-6579（編集）
03-3230-6573（営業）
振替　00180-0-29639

印刷・製本　図書印刷株式会社
デザイン　松田行正、杉本聖士

ISBN978-4-582-83818-3
NDC分類番号388.33　B6判（18.8cm）　総ページ208

落丁・乱丁本のお取り替えは小社読者サービス係までお送りください（送料小社負担）。
平凡社ホームページ　https://www.heibonsha.co.jp/